모든 게
노래

■ 이 도서의 국립중앙도서관 출판시도서목록(CIP)은
e-CIP 홈페이지(http://www.nl.go.kr/ecip)에서 이용하실 수 있습니다.
(CIP제어번호: CIP2013016389)

모든 게
노래

김중혁 산문

마음산책

김중혁

소설가. 소설집 『펭귄뉴스』『악기들의 도서관』『1F/B1』『가짜 팔로 하는 포옹』과 장편소설 『좀비들』『미스터 모노레일』『당신의 그림자는 월요일』『나는 농담이다』, 산문집 『뭐라도 되겠지』『무엇이든 쓰게 된다』『바디무빙』『우리가 사랑한 소설들』(공저) 『메이드 인 공장』『대책 없이 해피엔딩』(공저) 등을 펴냈다. 김유정문학상, 젊은작가상, 오늘의 젊은 예술가상, 이효석문학상, 동인문학상 등을 수상했다.

모든 게
노래

1판 1쇄 발행 2013년 9월 10일
1판 6쇄 발행 2018년 12월 5일

지은이 | 김중혁
펴낸이 | 정은숙
펴낸곳 | 마음산책

등록 | 2000년 7월 28일(제13-653호)
주소 | (우 04043) 서울시 마포구 잔다리로3안길 20
전화 | 대표 362-1452 편집 362-1451   팩스 | 362-1455
홈페이지 | http://www.maumsan.com
블로그 | maumsanchaek.blog.me
트위터 | http://twitter.com/maumsanchaek
페이스북 | http://www.facebook.com/maumsanchaek
전자우편 | maum@maumsan.com

ISBN 978-89-6090-168-1 03810

* 책값은 뒤표지에 있습니다.

음악을 듣고 있으면
순간과 현재를 느끼게 된다.
좋은 음악은 시간을 붙든다.
현재를 정지시키고 순간을 몸에다 각인한다.

책을 내면서

 노래에 대해 쓴 글을 모았다. 모아도 되나 싶었다. 노래를 모으는 것도 아니고 노래에 대한 글을 모으는 게 말이 되나 싶었다. 말이 안 돼도 일단 모았다.
 틈틈이 노래에 대한 글을 써왔다. 노래에 대한 글은, 쓰면 쓸수록 난감하다. 눈앞에서 둥둥 떠다니는 멜로디와 심장을 쿵쾅거리게 만드는 비트를, 글로 써낸다는 건 불가능하다. 불가능한 일이어서 좋기도 했다. 아무리 가닿으려 해도 멀어지는 목적지여서 좋았다. 노래에 대해서 묘사하고 설명하고 부연해도, 노래는 점점 멀리 달아난다. 멜로디는 더 높이 날아오르고, 비트는 더 세게 가슴을 두드린다. 노래는 글을 사뿐히 밟고 하늘로 날아오른다. 여기에 모은 글이 그런 역할을 하면 좋겠다. 글을 읽고 나면 갈증이 더 심해져서 노래를 찾아 듣게 만들었으면 좋겠다. 글을 읽다가 갑자기 일어나 레코드 가게로 달려가게 만들었으면 좋겠다. '글이 형편없어서 차라리 노래를 듣는 편이 낫겠네.' 그런 마음이 들어도 좋겠다. 어떤 방식으로든 이 글이 노래와 연결되면 좋겠다.

  봄, 여름, 가을, 겨울의 네 장으로 나누었다. 계절을 염두에 두고 쓴 것은 아니지만, 계절에 대한 이야기가 제법 많다. 채소에 소금을 치면 샐러드가 되듯, 날씨에 노래를 쳐야 비로소 계절이 되는 것 같다. 노래가 없었다면 우리의 계절은 훨씬 흐리멍덩했을 것이다. 봄꽃은 덜 아름다웠을 것이고, 여름은 덜 더웠을 것이며, 가을은 덜 외로웠을 것이고, 겨울은 덜 추웠을 것이다. 모든 글에 계절이 담긴 것은 아니지만 노래가 품고 있는 계절을 감지해서, 네 장으로 나누었다.

  모두 자신만의 노래가 있을 것이다. 모두들 그 노래를 잊지 않고 계속 불렀으면 좋겠다. 노래를 잊는 순간, 우리는 땅으로 곤두박질치게 돼 있다. 가사를 곱씹어가며 부르든, 흥얼거리며 콧노래로 부르든 상관없다. 누군가에게 불러주든, 자신에게 불러주든 상관없다. 무엇이든 노래가 될 수 있고, 우리는 늘 노래를 부를 수 있다. 몰라서 그렇지, 자세히 둘러보면, 모든 게 노래다.

2013년 가을

김중혁

차례

책을 내면서　6

봄

"음악을 들을 때마다 뮤지션들의 시간을 생각한다.
가사를 쓰고, 곡을 만들고, 연주를 하고, 녹음을 하고,
떨리는 마음으로 발매를 하는 뮤지션의 시간을 생각한다.
모든 노래들은 시간을 이겨내고 우리의 귀로 전송된 음악들이다."

봄비보다 봄, 달변보다 눌변　17

무지개 나비가 있는 풍경　20

어머니를 닮았네　23

너의 탓은 아니야　27

스킵하지 않겠다　31

목소리를 내고, 목소리를 듣는다　35

음악의 3대 기능　41

몸뻬바지는 허공에서 펄럭이고　45

스프링, 아이 러브 유　53

예, 키스 마이 에스키모, 드라이클리닝, 베이비　56

미음에서 리을까지　59

터닝 포인트 뮤직　63

여름

"세상에, 음악이란 단어와 효율이란 단어는 얼마나 먼가.
13분짜리 곡을 듣다가 12분쯤에 온몸에 찌릿한
전기를 느껴본 적이 있는 사람이라면 스킵이 얼마나
위험한 행동인지 알 것이다."

맥주는 술이 아니지, 암 그렇고말고 73

사는 게 이런 기가 79

해변의 아침의 오후 83

떡볶이처럼 칼칼한 아이스크림 86

내가 다 해봐서 아는데 89

위로가 필요하다 92

인생은 짧고, 이 순간은 길다 98

삼바를 느껴라 104

음퀴방에서 우리가 호명했던 뮤지션들의 이름 108

방방곡곡, 잔치 열렸네 114

이런 삐삐삐삐한 삐삐삐삐삐 같은 삐삐삐들아 118

feat. 거대한 노을과 라디오 125

비명은 현실을 마비시킨다 128

아직 만들어지지 않은 노래들 132

가을

"이야기의 본질은, 어쩌면 사람에 있는 것인지도 모르겠다.
우리가 드라마를 보고 소설을 읽고 연극을 보고 영화를 보고 수많은
이야기들을 찾아 헤매는 이유는 다른 사람을 이해하고 싶어서일 것이다.
다른 사람을 이해한다는 것은, 결국 자신을 이해하는 것이다."

국경을 벗어난 소리 143

우리가 먼저 외로움을 찾아가자 147

12만 발 중 세 발 153

해 질 녘의 뮤직 퀄리티 156

우연에게서 받은 선물 160

노래, 일발 장전 163

재미있고 쉬운 노래 167

이제는 지동설 172

목소리는 풍경이 되고 175

텅 빈 가슴 안고 178

예술을 취미로 하는 사람들 181

생각의 가을 184

겨울

"예술이 반드시 무엇인가를 비유하고 상징하는 것은 아니다.
소리와 형체는 그 자체로 아름답고, 미완성인 자체로
이미 완성된 것이다. 우리는 구체적이고 알기 쉬운 멜로디와
알아볼 수 있는 혹은 알아보기 쉬운 형체에 너무 익숙해져 있다."

그래도 겨울, 겨울, 나만의 계절   189

중력을 느낀다   192

허공이야말로 우리들의 고향   195

내가 왜 나였는지   202

제법 잘 늙고 있죠?   205

비효율적인 집 사기   208

나와 별로 다르지 않을 당신들   212

그물에 걸린 큼지막한 고기들   215

카페에서 셔플 글쓰기   218

무자비한 시간을 견디는 법   225

가을과 겨울에 어울릴 만한 노래   233

십 대의 나는 아무도 서로를
이해할 수 없다고 단정 지었지만,
사십 대의 나는 사람과 사람이
서로 이해하려는 과정에서 생겨나는
'위로'라는 단어를 새롭게 알게 됐다.
이해하지 못하지만 위로할 수는 있다.

봄

봄비보다 봄,
달변보다 눌변

봄이 되니까 생각이 난다. 꽃이 피니까 또 생각이 난다. 2011년 이맘때였다. 어느 날 친한 친구이자 소설가이기도 한 K가 여행을 제안했다. 봄이 되었으니 남쪽으로 꽃을 맞으러 가자는 것이었다. 평소 꽃을 좋아하지도 않을뿐더러 나를 운전사로 '이용'하고 싶어하는 K의 강렬한 눈빛을 느꼈음에도 불구하고 내가 고개를 끄덕일 수밖에 없었던 것은, 동네 선배이자 고양시 청소년 선도위원장이기도 하며 칼 관련 소설을 쓴 적도 있는 유명 소설가 K(뭔 K가 이리도 많은가. 이하 친구 K는 K2, 선배 K는 K1, 그러면 나는 K3)의 짧고도 강력한 권유 때문이었다. "꽃 보러 가자."

네, 암요, 가야죠, 가고말고요. 운전은 당연히 내가 했다. 도착

해보니, K2의 설명("지금쯤 아마 꽃이 흐드러지게 폈을 거야")과는 달리 꽃은 거의 없었다. 드문드문 꽃 필 조짐을 보이는 곳은 많았지만 제대로 흐드러지려면 2주는 더 있어야 할 것 같았다. K2는 당황한 나머지 "하하하, 오늘은 장어와 함께 술 한잔 하고, 내일 바닷가 쪽으로 가서 주꾸미 축제나 구경해요, 하하하"라며 나름의 포부를 밝히고는, 포부에 걸맞게 오랫동안 술을 마신 후, 술값도 자기가 냈(던 것 같)다.

다음 날 바닷가로 가는 자동차에서 나의 고통이 시작되었다. K1은 K2에게 봄날에 어울리는 선곡을 부탁했고, (술이 덜 깬) K2는 휴대전화로 인터넷 음원 사이트를 뒤지더니 장사익 씨 버전의 〈봄날은 간다〉를 골랐다. 좋은 노래란 건 안다. 봄날에 어울리는 노래라는 것도 안다. 장사익 씨의 노래 실력도 인정한다. 손로원 선생의 작사도 기가 막히다는 걸 인정한다. 하지만 나는 장사익의 목소리를 듣는 내내 괴로웠다. 여기에 딱 어울리는 문구가 있다. 듣기 좋은 꽃노래도 한두 번이지. "연분홍 치마가 봄바람에 휘날리더라(아흐, 저는 운전하고 있어서 볼 수가 없어요) / 오늘도 옷고름 씹어가며(저도 뭔가 씹고 싶네요) / 산제비 넘나드는 성황당 길에 / 꽃이 피면 같이 웃고" 싶었는데, 꽃이 안 피어서 두 사람은 바닷가로 향하는 길에 노래꽃을 피웠고 나만 결국 괴로워졌다.

바닷가에 도착하니, 주꾸미 축제는 지난주에 끝났고(어쩔 거냐!), 횟집은 썰렁하고, 횟집이 썰렁하니 두 K는 또 〈봄날은 간다〉를 틀었다. 돌아오는 차 안에서도 두 사람은 계속 〈봄날은 간다〉를 비롯한 (지금은 제목도 기억나지 않는) 각종 옛 노래를 들었고, 나는 묵묵히 운전을 했다. 다음 달, K2는 요금 폭탄을 맞았고, 나는 연분홍과 봄날이라는 단어만 들으면 식은땀을 흘리는 '봄날은 간다' 증후군에 시달렸다(고 조금 과장해봅니다).

내가 옛 노래들을 무작정 싫어하는 게 아니다. 한때 김추자와 김정미에 빠져(어럽쇼, 여기도 다 K일세!) 그들의 노래를 배경음악으로 살아간 적도 있다. 뒤늦게 알게 된 김추자와 김정미는 '발견'이었다. 김추자의 창법은 건전지에 혀를 댄 것처럼 찌릿했고, 김정미의 목소리는 무덤덤하게 폐부를 찔렀다. 봄노래 얘기가 나왔으니 하는 말이지만, 김추자의 〈봄비〉와 김정미의 〈봄〉은 봄에 가장 어울리는 배경음악이다. 김정미가 화창한 봄 햇살과 어울린다면 김추자는 꽃향기 질편한 봄밤과 어울린다. 나는 예나 지금이나 (김추자를 들으면서 감탄하긴 하지만) 김정미 쪽을 조금 더 좋아한다. 그건 어쩌면 달변보다 눌변을 더 신뢰하는 나의 취향 때문인지도 모르겠다.

무지개 나비가 있는 풍경

나도 모르게 흥얼거리게 되는 노래들이 있다. 길을 걷다가, 버스를 기다리다가, 버스를 타고 창밖의 풍경을 바라보다 무심코 입 밖으로 흘러나오는 멜로디가 있다. 집을 나서기 전에 들었던 노래이거나 누군가의 휴대전화 벨소리로 들려왔던 노래를 따라 부를 때가 많지만 가끔은 아무런 이유 없이 흥얼거리게 되는 노래가 있다. 갑자기 내가 이 노래를 왜 부르고 있지? 싶은, 어쩜 이렇게 정확하게 가사를 기억하고 있지? 싶은 노래들. 고찬용의 두 번째 솔로 앨범 《Look Back》이 발매됐다는 소식을 듣자마자 내 입은 자동 반사적으로 〈거리 풍경〉을 흥얼거리고 있다.

대학을 휴학하고 이리저리 놀러 다니던 시절, 얼마나 이 노래를 흥얼거렸는지 모른다. "회색빛 구름에 싸인 / 푸른 하늘 / 그 속엔 초록색 나무가 보이고 / 새소리 아름답지요 / 하나둘 별이 내리네 / 눈부시게 / 그 속엔 사람들 웃음도 보이고 / 거리는 밤을 만나네." 별다른 노력을 기울이지 않았는데 가사가 생생하게 떠오른다. 대학로나 광화문 거리의 풍경을 바라보면서 〈거리 풍경〉을 부를 때면 늘 어깨를 들썩이거나 (마치 모이를 주워 먹으러 다니는 비둘기처럼) 고개를 위아래로 까딱거렸던 것도 기억난다. 이 노래를 아는 사람들은 이게 무슨 뜻인지 알 것이다. 고찬용의 노래들은 롤러코스터와 같아서 몸을 가만히 둔 채 따라 부를 수가 없다. 급강하하고 급선회하고 급상승하는 멜로디를 따라가려면 몸이 같이 움직여야 하고, 그러다 보면 기분이 좋아지고 마음이 경쾌해진다.

〈거리 풍경〉도 그랬고, 2006년에 발매한 첫 번째 앨범도 그랬고, 이 앨범도 마찬가지지만, 고찬용의 노래는 한 번 듣고 나면 기억나는 멜로디가 전혀 없다. (재즈에 바탕을 둔 음악 스타일 때문이기도 하겠지만) 노래가 밍밍한 것 같기도 하고, 어려운 것 같기도 하고, 아무튼 한 번만 들어도 쉽게 기억할 수 있는 요즘의 노래들에 비해 경쟁력이 없는 셈이다. 두 번째 들어도 처음 듣는 노래 같다. 아, 이런 멜로디였나, 싶다. "어떤 노래야? 한번 불러봐"라고 누가 얘기해도 전혀 생각나지 않는다. 세 번째 들으면 아, 이런 노래였지, 하면서도 전혀 다른 노래 같다. 여러 번 반복해서 듣고 나면 멜로디가 조금씩 선명해지는데, 한번 선명해진 멜로디는 쉽게 잊히지를 않는다.

고찬용의 노래를 떠올리면 늘 나비가 생각났다. 나풀거리며 날아다니는, 가끔 어디에 내려앉는 듯하다가 다시 허공으로 팔랑거리며 솟아오르고, 궤도를 알 수 없이 사방으로 급회전하는 나비 같은 노래들이다. 이 앨범에 수록된 〈무지개 나비〉라는 곡을 듣고 다시 한 번 고찬용의 멜로디에 완전히 반해버렸다. 아, 중력의 지배 따위 무시하고 하늘로만 날아다니는 노래가 가능하구나. 나비를 노래하는 게 아니고, 노래 자체가 나비가 되는 게 가능하구나. 나비의 동선을 따라다니는 마음으로 요즘 나는 〈무지개 나비〉를 흥얼거리고 있다. 멜로디가 너무 복잡해서 따라 부르기는 힘들지만 그저 흥얼거리는 것만으로도 기분이 가벼워진다.

어머니를 닮았네

글 쓰는 재능은 타고난 것 같다. 농담이 아니라 정말 어머니로부터 물려받은 것 같다. 어머니는 정규교육을 받을 기회는 많지 않았지만 글솜씨만큼은 기가 막히다. 화려한 비유나 미문은 없지만 가끔 사람의 마음을 '탁' 내려치는 문장을 쓰신다. 어머니의 편지나 일기를 보고 울컥했던 적이 많다. 힘든 인생을 살아오면서 터득한 문장들이다. 나도 그렇게 무심하고 서툴게 사람 마음을 후려치고 싶다. 나는 멀었다.

최근에 어머니로부터 물려받은 걸 또 하나 발견했다. 어머니는 요즘 취미 삼아 노래 교실에 다니는데, 무척 즐거우신 모양이다. 전화를 드리면 이번 주에는 어떤 노래를 배웠는지 알려주신다. 지난 명절 때 어머니의 휴대전화에 노래를 넣어드리다가 어떤 가수들을 좋아하는지 여쭤어봤더니 뜻밖의 대답이 돌아왔다. 류계영(몰라요), 박진석(박진영과 양현석을 합한 이름인가요), 강진(지역이 아니라 가수 이름인 거죠?). 그 후에도 모르는 가수들의 이름이 줄줄이 나왔다. 내가 물었다. "어머니는 현철이나 송대관이나 태진아는 안 좋아해요?" "난 별로야." 어머니가 쿨하게 대답하셨다. 아, 이런 트로트 인디 정신을 보았나. 나의 인디 음악 사랑이 어머니로부터 물려받은 것이로군. 물론 류계영이나 박진석, 강진 같은 트로트 가수들은 어머니 친구들 사이에선 아이돌과 맞먹는 인기겠지만, 우리가 보기엔 인디 뮤지션 같은 느낌이다.

어머니의 '페이보릿 가수 리스트'에 딱 한 명 내가 아는 이름이 있었다. 김연자. 일본에서 엄청난 인기를 얻고 있다는 바로 그 김연자였다. 어머니가 좋아하는 김연자의 노래 제목은 〈10분 내로〉. 제목만 듣고 이것은 마치 이효리의 〈10 Minutes〉에 대한 트로트계의 대답이 아닌가, 싶은 생각이 들었지만 가사를 보니 전혀 다른 세계였다. '10분 안에 남자를 내 것으로 만들 수 있다'는 게 이효리의 능동적 세계라면, 김연자의 세계는 수동적이다. "내가 전화할 때 / 늦어도 10분 내로 내게로 달려와요 / 꾸물대지 말고 핑계 대지 말고 / 옆길로 새지도 말고 / 여자는 꽃이랍니다

/ 혼자 두지 말아요 / 당신 가슴에 영원히 지지 않는 / 꽃이 될래요 10분 내로."

어머니는 노래 교실에서 배운 실력을 발휘하여 노래를 직접 불러주셨다. 듣고 있는데 어머니의 글과 비슷했다. 10분 내로 꽃이 되겠다는(응? 이게 무슨 말이야!) 말도 안 되는 가사지만, 그 서툰 표현이 내 마음을 움직였다. 어머니가 여자고, 어머니가 꽃이란 거다. 혼자 두지 말라는 거다. 노래 교실에 모여 앉아 〈10분 내로〉를 합창했을 수많은 어머니들을 생각해도 마음이 울컥한다. 밤에 가끔 아이폰으로 녹음해 저장해둔 어머니의 〈10분 내로〉를 듣는다. 눈물이 핑 돈다.

노래 교실 선생님에게 최근에 출간된 내 소설책 한 권을 선물했다. 어머니가 선물하고 싶어하셨다. 재미없어하실지도 모르지만 뭐, 선물은 마음이 중요한 거니까. 선생님에게 책을 선물한 뒤로 어머니에게 별명이 생겼다. "소설가! 나와서 노래 한번 불러봐요." 어머니는 처음에는 어리둥절하다가 뒤늦게 무슨 말인지 알아들었다. 아들이 소설가라서 어머니가 소설가가 되셨다. '소설가의 어머니'의 줄임말이긴 하지만, 어머니는 그 말을 좋아하셨다. 아들이 소설가라서 당신도 소설가라고 불리는 게 기분 좋으신 모양이다. 나도 기분이 좋았다. 내가 소설가가 되어서 어머니를 소설가로 만든 것 같아서 좋다.

기쁨은 오래가지 않았다. 어머니를 소설가라고 불렀던 노래 선생님 대신에 새 선생님이 왔는데, 어머니는 영 마음에 들지 않는 모양이다. 어머니의 표현에 의하면, 전에 계셨던 여자 선생님은 '조곤조곤' 노래 잘 부르는 방법을 가르쳐주고 가끔 (냄새나는 화장실 변기에다 콜라를 부으면 좋다는 등의) 생활의 지혜를 알려주곤 했는데, 새로 온 남자 선생님은 썰렁한 농담 위주로 수업을 진행하며 '자고로 노래란 무조건 힘차게 찌르고 들어가야 한다'는 신념으로 노래를 가르친다고 한다. '눈치 보지 말고 힘차게 노래를 부르라'며 어찌나 호통을 처대는지 열심히 소리를 지르긴 했는데 집에 돌아와서 몸살이 났다고 했다. (어머니를 닮은) 나 역시 선생님을 몹시 가리는 편이라서, 한번 선생님이 눈 밖에 나면 배움 자체에 흥미를 잃어버리는 스타일이므로 어머니의 마음이 충분히 이해가 갔다. 지나치게 자신을 믿고 지나치게 자신의 신념을 강요하는 선생님을, 상대방을 위한다는 구실로 상대방의 의견을 전혀 들어보지 않는 선생님을 나는 신뢰할 수 없다. 매주 노래를 배우면서 재미있게 노셨는데 앞으로 그 재미가 반감될 생각을 하니 마음이 아프다.

너의 탓은 아니야

자전거를 타면서 음악을 들으면 위험하다. 자동차의 경적이나 위험 신호를 감지할 수 없으니 사고 위험이 높다. 나도 큰 사고를 당할 뻔한 적이 있다. 이어폰으로 음악을 들으며 자전거를 타다가 옆에 자동차가 있는 걸 모르고 핸들을 꺾었다. 다행히 살짝 넘어진 게 전부였지만 그때만 생각하면 정신이 번쩍 난다. 정신이 번쩍 나면서도 한편으로는 자전거 타면서 들었던 음악들이 얼마나 짜릿했던가도 생각난다. 자전거의 속도와 음악의 속도가 합해져 나를 하늘로 붕 띄워 올리던, 아무런 소리도 들리지 않고 오로지 속도와 나와 음악만 남아 있던 그 순간을 잊을 수 없다. 하긴, 친구 중 한 명은 자동차 소음이 너무 심해 이어폰으로 음악을 들으며 운전을 했다더라. 불법이고 정말 위험한 짓이지만, 그게 어떤 기분이었을지 상상이 간다.

동네 공원에서 자전거를 자주 탄다. 늦은 밤에 타기 때문에 사람도 많지 않아서 음악을 들으며 타기에 아주 좋다. 음악에 맞춰 페달을 밟는다. 음악이 빨라지면 속도도 빨라지고 선율이 우아하면 핸들도 우아하게 움직인다. 음악을 들으면서 춤을 추듯 자전거를 움직인다. 자전거 음악—이라는 장르라도 만들까 보다—에는 비트가 빠른 헤비메탈이나 로큰롤보다 발라드가 어울린다. 요즘 자전거에서 자주 듣는 노래는 윤상의 〈영원 속에〉다. 음악 프로그램에서 윤상이 부른 걸 우연히 들었는데, 어째서 지금까지 이 노래를 모르고 있었나 싶었다. 정재형은 파리 유학 시절 이 노래로 위안을 얻었다는데, 나도 요즘 이 노래에 자주 위로를 받는다.

피아노 선율에 맞춰 공원 길을 달렸다. 천천히 페달을 밟았다. 자전거 램프가 어두운 길을 비추고 걸어가는 사람들의 뒷모습이 보였다. 사람들은 말없이 걷고 있었다. 피아노 소리와 윤상의 목소리만 들렸다. 가끔 내 숨소리도 들렸다. 머리 위로 키 큰 나무들이 휙휙 지나갔고, 저녁 공기가 모두 코끝으로 밀려들었다. 이런 순간들, 짧은 순간들, 바람 같은 순간들. 음악을 듣고 있으면 순간과 현재를 느끼게 된다. 좋은 음악은 시간을 붙든다. 현재를 정지시키고 순간을 몸에다 각인한다.

윤상의 목소리와 피아노가 나를 위로하고 있었다. "멀어지는 기억을 잡아두려 애쓰지 말라고", 많은 게 흘러갔지만 지금 이 순간을 잘 기억하라고. 노래의 마지막 가사를 듣는데 가슴이 먹먹해지면서 핸들을 잡은 손에 힘이 들어간다. "아니 너의 탓은 아니야 그건 너의 탓이 아니야." 나에게 말해주는 것 같았다. 우리에게 생긴 일들이 누군가의 탓은 아니라고, 우린 그저 잘 받아들이는 일만 할 수 있을 뿐이라고, 그냥 흘러가는 거라고, 바람처럼, 스쳐 가는 나뭇잎처럼 그냥 지나가는 거라고. 이런 순간들, 짧은 순간들, 자전거 위에서 맞는 바람 같은 순간들. 자전거를 타면서 음악을 들으면 위험하다. 자전거 위가 너무 좋아져서 내려오기 싫어진다.

생애 처음으로
판을 사서
집으로 돌아가던 때가
기억난다.
발걸음이 다
기억난다.

스킵하지 않겠다

어렸을 때는 형을 원망했다. 형은 음악을 거의 듣지 않았다.(요즘에는 인디 음악에도 관심이 많던데, 거참, 진작에 그러시지!) 반 친구들은 음악 좋아하는 형들로부터 각종 LP와 카세트테이프를 한 아름 물려받곤 하던데, 내가 물려받은 것은 음악적 가난뿐이었다. 가난은 나라님도 구제하지 못하고 음악적 가난은 하나님도 구제하지 못한다는 옛말이 있지만(응? 이런 게 있어?), 겪어보면 이게 참 서럽다. 친구들은 한 달에 수십 명의 아티스트를 섭렵해나가는데, 맨땅에 헤딩하는 자의 행보는 멀고 더디기만 하다. 음악을 사고 듣고 실패하고 (가끔 성공하고) 사고 듣고 실패하고 (아주 가끔 보석 같은 앨범을 발견하고), 돈도 깨지고, 시간도 깨지고, 머리도 깨지고, 그렇게 음악을 알아나갔다.(맨땅에 헤딩한 자들의 모든 깨진 머리통에 축복 있으라!)

 독학의 절정은 실패하는 과정에 있다. (요즘 같은 취업 대란의 시대에 이런 말 하기 겁나지만) 실패하지 않으면 성공의 기쁨을 알 수 없다. 취향에 맞지 않는 노래들을 많이 들어봐야 내가 어떤 노래를 진심으로 좋아하는지 알 수 있다. 다른 사람들의 판단이 아니라 내 판단으로 취향을 결정할 수 있게 된다. 취향에 맞지 않은 음악들을 무수히 걸러내고 남은 '내 노래'들은 얼마나 아름다운가.

 요즘엔 '스킵skip'이 대세인 것 같다. 앨범을 사기 전에 모두들 스킵을 한다. "에이, 이건 뭐랑 비슷하지 않아?" "딱 들어보니 내 취향이 아니네." "넘겨!" "넘기고!" "다음!" "에이, 이 앨범은 안 사도 되겠다." 아니, 정말 딱 5초만 들어보고 다 알 수 있다고? "어이, 증말 대단한 브라이언 앱스타인 나셨다, 그죠?"

 한때는 나도 스킵 중독자였고, 그게 시간을 아끼는 것인 줄 알았다. 빨리빨리 듣고, 필요 없는 건 걸러내고, 그렇게 음악을 듣는 게 효율적인 것인 줄 알았다. 세상에, 음악이란 단어와 효율이란 단어는 얼마나 먼가. 13분짜리 곡을 듣다가 12분쯤에 온몸에 찌릿한 전기를 느껴본 적이 있는 사람이라면 스킵이 얼마나 위험한 행동인지 알 것이다.

　내 인생 최초의 스킵 앨범은 듀란듀란의 데뷔 앨범이다. 이 앨범을 구입하게 된 사연이 좀 길다. 내 고향 김천에는 (쓸 만한) 레코드 가게가 딱 두 개뿐이었는데 중학생 시절 친구들 간의 앨범 쟁탈 경쟁이 꽤 치열했다. 입고량이 워낙 적었기 때문에 마음에 드는 앨범을 사려면 친구들보다 정보 수집이 빨라야 했고 행동이 잽싸야 했다. 그러던 어느 날 (두둥!) 전설의 앨범으로만 알려졌던 듀란듀란의 데뷔 앨범이 A 레코드 가게에 입고됐다는 첩보를 입수한 나는 친구들을 따돌리기 위해 생애 첫 사기를 치기에 이르렀다. "야, B 레코드 가게에 듀란듀란 데뷔 앨범이 들어왔대." 정직하고 착한 친구들이 B 가게로 간 사이(친구들을 보면 그 사람을 알 수 있다고 했던가!) 나는 홀로 유유히 A 가게로 가서 듀란듀란의 데뷔 앨범을 사 들고 나왔다. 누런빛이 감도는 (아마도) 오아시스 레코드사의 카세트테이프를 들고 얼마나 감격했는지 모른다.

　집에 돌아와 음악을 틀었을 때의 그 당혹스러움을 나는 아직도 잊지 못한다. 내가 상상하던 음악과 너무 달라서, 친구들에게 자랑을 해야 하는데 뭐라고 자랑해야 할지 몰라서 당혹스러웠다. 나는 뭔가 괜찮은 대목이 나와주길 바라며 계속 음악을 스킵했고, 금세 앨범의 마지막에 이르렀다. 이건 뭔가. 도대체 무슨 음악인가. 이게 듀란듀란이란 말인가. 친구들 앞에서 카세트테이프를 들고 늠름하게 서 있던 상상 속의 나는, 한없이 작아졌다. 원래 계획대로라면 몇 개의 복사 테이프를 친한 친구들에게 선물하고(원본은 나만 가지고) 듀란듀란의 음악 세계에 관해 깊은 토론을 벌여야 했지만 나는 그러지 못했다. "야, 이따위 앨범 사려고 우리한테 사기를 쳤냐?"라든가 "하하, 이걸 돈 주고 샀냐?"와 같은 우롱과 조롱을 듣기가 싫었다.

나는 듀란듀란의 데뷔 앨범을 듣고 또 들었다. 자꾸 들으니 좋아졌다. 〈Girls on Film〉이나 〈To the Shore〉는 지금도 명곡으로 친다. 지금도 궁금하다. 원래 좋았던 음악인데 그 진가를 뒤늦게 알게 된 것일까, 아니면 좋게 듣고 싶어서 좋아진 것일까. 잘 모르겠다. 확실한 건, 스킵을 멈추었기 때문에 좋아질 수 있었다는 거다.

음악을 들을 때마다 뮤지션들의 시간을 생각한다. 가사를 쓰고, 곡을 만들고, 연주를 하고, 녹음을 하고, 떨리는 마음으로 발매를 하는 뮤지션의 시간을 생각한다. 모든 노래들은 시간을 이겨내고 우리의 귀로 전송된 음악들이다. 그런 생각을 하고 나면 함부로 스킵하지 못하겠다. 그래도 내 마음에 들지 않는 음악은 도저히 어쩔 수 없긴 하지만 말이다.

목소리를 내고,
목소리를 듣는다

　장편소설 『미스터 모노레일』을 발간하고 독자와의 만남 행사를 열었다. 그냥 가서 독자와 만나기만 하면 되는 건데, 어쩐지 어색하고, 내 책을 본 사람들을 만나는 게 뻘쭘하고, 나도 모르는 사이에 문학 얘기 하게 될까 봐 민망해서 뭔가 준비를 하기로 했다. 뭐가 좋을까 뭐가 좋을까 생각하다가 특별한 파일을 만들어보고 싶어 사람들의 목소리를 녹음하기 시작했다. 소설의 문장들을 여러 사람이 읽은 다음 그걸 하나로 합치는 거다. 사람들의 목소리가 얼마나 다른지, 서로 다른 목소리가 얼마나 매력적인지 들려주고 싶었다.
　15일 동안 사람들을 만날 때마다 녹음을 부탁했다. 모두 흔쾌히 응해주었다. 재미있어했고, 신나게 녹음해주었다. 모두에게 정말 감사하다. 녹음을 끝마친 후 편집을 하려고 컴퓨터 앞에 앉았는데, 이렇게 당황스러울 데가 있나. 몇 개의 목소리 주인을 모르겠는 거다. 아무리 들어봐도 사람의 얼굴이 떠오르지 않는다.(흘러나오는 음악에다 스마트폰을 갖다 대면 가수와 곡목을 찾아주는 앱이 있듯 흘러나오는 목소리에다 스마트폰을 갖다 대면 누구의 목소리인지 찾아주는 앱이 있으면 좋겠다.) 결국 녹음 순서와 나의 동선을 차근차근 되짚어본 후에야 목소리의 주인공을 찾아냈지만 미안한 마음은 가실 줄 몰랐다.

목소리에도 낯이 있구나. 내가 알아듣지 못한 목소리는 처음 만나서 녹음을 부탁한 사람들의 목소리였다. 익숙하지 않은 소리여서 알아채지 못한 것이었다. 녹음할 때는 참 듣기 좋은 목소리라고 생각했고 특별한 목소리라고 생각했는데, 아무리 좋은 목소리여도 내가 친숙하지 않으면 기억하기 힘든 목소리였다.

편집을 하는 과정에서 목소리를 찬찬히 들어보다가 또 하나 발견한 게 있다. 모든 목소리는 두 가지 중 하나였다. 자신감 있는 목소리이거나 자신감 없는 목소리이거나. 자신감 있는 목소리는 아나운서, 성우, 가수 들처럼 자신이 어떤 목소리를 내는지 알고 있는 사람들이었다. 자신의 목소리가 어떤 것인지 알고 있었고. 자신의 목소리에 익숙한 사람들이었다. 몇몇 뮤지션들에게 "카페 같은 곳에서 자신의 노래가 나오면 기분이 어때요?"라고 물어보았더니 대부분 "뭐 아무렇지도 않아요. 그냥 내 노래가 나오는가 보다. 생각하는데요"라고 대답했다. 그만큼 자신의 목소리를 객관적으로 듣는 연습을 한 거겠지.

녹음에 익숙하지 않거나 자신의 목소리를 잘 알지 못하는 사람들은 대부분 자신감 없는 목소리를 낸다. 자신의 목소리가 얼마나 이상하게 녹음될지 알기 때문이다.(실은 이상하게 녹음되는 게 아닌데.) 녹음기에서 흘러나오는, 내 것이 아닌 것 같은 목소리를 한 번쯤은 들어봤을 테니까 녹음하기 전부터 이미 겁을 먹는 거다. 이런 걸 낯가림이 심한 목소리라고 해야 하나.

두 종류의 목소리에는 서로 다른 매력이 있었다. 자신만만한 목소리에는 여유로운 매력이 있었고, 낯가림이 심한 목소리에는 조심스럽고 수줍은 매력이 있었다. 편집을 해보니 어떤 목소리가 더 낫다고 말하기 힘들었다. 여유로운 목소리만 계속 이어지니까 어쩐지 심심하고, 낯가림 심한 목소리만 붙여놓으면 불안해서 들을 수가 없다. 두 종류의 목소리가 잘 섞여야 듣기에 편했다. 목소리가 얼마나 그 사람을 잘 드러내는지 새삼 깨달았다.

음악을 고를 때 목소리를 가장 중요하게 생각했던 것 같다.(다들 그런가? 나만 그런가?) 아무리 멋진 음악을 하는 그룹이더라도 리드 보컬의 목소리가 마음에 들지 않으면 어쩐지 정이 가지 않는다. 고백하건대 남들 다 좋다는 퀸의 음악을 단 한 번도 좋아해본 적이 없고(그러니까 어떤 목소리를 좋아하는가는 순전히 취향의 영역이다), 목소리를 날카롭게 다듬는 헤비메탈의 늪에서는 비교적 빨리 밧줄을 잡고 빠져나왔으며, 그룹 일스나 닐 영의 음악은 완성도가 들쭉날쭉임에도 불구하고 앨범을 발표할 때마다 늘 챙겨 듣게 된다. 이게 다 목소리 취향 때문이다.

내가 좋아하는 보컬은 대부분 '무심한 목소리'다. 이게 참 설명하기가 쉽지 않은데, 감정이 없다기보다는, 옳고 그른 것이나 좋고 나쁜 것에 경계를 두지 않는 목소리라고 해야 할까. 자신의 감정을 애써 설명하려고 하기보다는 그냥 던져두고 멀리서 바라보는 목소리라고 해야 할까. 도무지 설명하기 힘들지만(게다가 이런 비교 위험하고 가끔 기준이 오락가락하긴 하지만), 롤링 스톤스보다 비틀스를 더 좋아하고, 재니스 조플린보다 니코를 더 좋아하는 것도 다 이런 취향 때문이 아닐까 싶다.

〈슈퍼스타K 3〉를 열렬히 시청하면서 목소리 취향을 새삼 느낀 적이 있다. 프로페셔널들의 무대가 아니라 아마추어들의 무대라는 점 때문에 더 흥미롭다. 노래를 부르는 자신만의 스타일이 생기기 이전이니 차이가 더욱 뚜렷하다. 노래를 자신의 목소리로 어떻게 해석할 것인가. 어떤 목소리로 노래를 부를 것인가가 모두 다르다. 낯가림 심했던 목소리들이 세상 밖으로 막 터져 나오는 모습을 보는 것 같아 흥미롭고, 노래에 담긴 세상을 어떻게 묘사하고 싶어하는지 알 수 있어 흥미롭다. 글 쓰는 것과 별반 다르지 않다. 해석해야 하고 묘사해야 하고 표현해야 한다. 노래를 정말 잘하는 사람을 보는 것도 좋지만, 나는 도전자들의 차이를 보는 게 재미있었다.

목소리를 내고, 목소리를 듣는 과정은 참 의미심장하다. 나는 정확한 내 목소리를 들을 수 없다. 내 목소리를 가장 잘 아는 것은 상대방이다. 하지만 상대방이 듣는 내 목소리를 정확한 내 목소리라고 보기도 힘들다. 그 소리 역시 공기 중에서 왜곡된 것이니까. 진짜(라는 게 있다면) 목소리는 내가 내는 목소리와 상대방이 듣는 목소리 그 사이 어딘가에 있을 것이다.

우리가 세상을 사는 방식 역시 비슷하다. 내가 생각하는 나와 상대방이 생각하는 나는 완전히 다른 사람이다. 진짜 나는 어디쯤 있을까. 내가 생각하는 나에 가까울까, 아니면 상대방이 생각하는 나에 가까울까. 어쩌면 관계를 맺는다는 것은 그 차이를 좁혀나가는 과정일지도 모르겠다.

15일 동안 27명의 목소리를 담은 내 비장의 음원 공개는 실패로 돌아갔다. 편집이 엉망이었다. 27개의 목소리를 조각조각 나눠서 이어 붙이는 건 생각만큼 쉬운 일이 아니었다. 15일 동안 녹음했건만 재생 시간은 겨우 2분밖에 되지 않아 참으로 허망했으나 그래도 목소리를 듣고 목소리를 느낄 수 있어서 좋았다. 다음엔 한 백 명 녹음에 도전해볼까 싶다. 아, 소설가 친구의 목소리가 귓가에 울린다. "도대체 정체가 뭐냐? 너는 행사하려고 소설책을 내는 거냐?" 아니지, 그건 아닌데. 그래도 뭔가 하나씩 배워나가면 좋잖아.

음악의
3대 기능

세상에는 수많은 음악 장르가 있지만 내게는 딱 세 개의 장르뿐이다. 배경음악, 실용음악, 기능음악. 이 무슨 폭력적이고 무식한 삼위일체적 분류냐 싶겠지만, 새로운 곡을 접할 때마다 나의 무의식은 음악을 그렇게 구분하고 만다. 나 역시 장르를 존중하고 장르의 필요성을 인정하지만, 그토록 간단한 음악 3장르 분류법이 있으니 어쩌겠는가. 본능을 따라야지.

'배경음악'은 책을 읽거나 간단한 메모를 하거나 아이디어를 구상할 때 듣는 음악인데, 대부분의 클래식, 보컬이 없거나 리듬이 강하지 않은 재즈 등이 이 장르에 속한다. 이 장르의 특징은 내 주위의 공기를 떠돌지만 간섭하지는 않고, 부드럽게 뇌를 이

완시켜주는 음악들이다. '실용음악'은 소설을 쓰거나 그림을 그릴 때 주로 듣는 음악인데, 록이나 블루스나 포크를 포함한 대부분의 팝송이 (몇몇 과격한 음악을 제외하고) 이 장르에 속한다. 한마디로 뇌를 꽉 조여주는 음악들이다. 음악을 들으면서 소설을 쓴다는 게 이상하게 들릴지 모르겠지만, 이게 한번 맛을 들이면 헤어나기 힘든 버릇이다. 가끔은 내가 소설을 쓰는 게 아니라 음악이 대신 써주는 것 같은 중독 상태에 빠져들 때가 있다.(소설의 퀄리티도 해당 뮤지션이 대신 책임져주면 좋겠지만…….) 마지막으로 '기능음악'은 (무슨 대단한 기능을 말하는 게 아니라) 운동을 하거나 몸을 움직이거나 방을 치울 때(얼마나 자주 방을 치운다고!) 듣는 음악들이다. 대부분의 최신 가요들과 최신 팝송들이 여기에 속한다. 기능음악들은 머리가 반응한다기보다 몸이 반응하는 음악들이다. 드럼 비트가 가슴을 쿵, 쿵 때리고 그루브가 어깨 사이로 물결치면 서서히 몸이 깨어난다.

기능음악의 가장 큰 기능은 운동을 할 때 들을 수 있다는 점이다. 운동을 할 때마다 늘 음악을 들어서인지 이제는 비트가 없으면 다리가 움직이지 않고 리듬이 없으면 몸이 움직이지 않는다. 한창 달리기를 열심히 할 때에는 매일 앨범 한 장씩을 듣기도 했다. 사놓고 거의 듣지 않았던 음반을 골라 숙제하듯 들었다. 그렇게 한 시간을 달리고 나면 두 가지 일을 동시에 해냈다는 생각에 마음이 뿌듯했다.

운동의 특성에 따라 고르는 음악도 달라진다. 달릴 때 가장 잘 어울리는 건 몸을 부추기는 음악들이다. 레이지 어겐스트 더 머신이나 비스티 보이즈, 에미넴, 본 조비 같은 음악을 듣고 있으면 이상하게 피가 끓고 다리가 강철로 변한(것 같은 기분이 든)다. 지구 끝까지 달려갈 수 있을 것 같다.(물론 곧 뻗는다.)

걷기 운동을 할 때는 좀 더 편안한, 1980년대의 팝처럼 살랑살랑거리는 리듬을 고르게 된다. 블론디나 다이어 스트레이츠의 노래를 들으며 한 발 한 발 내딛다 보면 주변의 풍경이 보이고, 계절이 보이고, 하늘이 보인다. 버스커 버스커의 〈벚꽃 엔딩〉도 걸을 때 듣기 딱 좋은 노래다. 〈벚꽃 엔딩〉은 하늘을 보면서 들어야 한다. 마침 동네 공원에는 벚나무가 있고, 바람도 있고, 바람이 불 때마다 가지가 흔들리고, 흔들리는 가지를 올려다보면 하늘이 거기에 있다. 파란 하늘이다. 파란 하늘 아래로 분홍 잎이 엔딩을 맞는다. 가사에는 둘이 손잡고 걷자고 되어 있지만 (실은) 봄은 혼자 있기 좋은 계절이고, 혼자 걷기 좋은 계절이다. 봄은 순식간에 바스라진다. 시작했나 싶으면 곧 엔딩이다. 누군가와 함께 즐겨야지 마음먹었다가는 어느새 지나가버리고 만다. 그럴 때

음악은 친구가 되어준다. 나와 함께 묵묵히 걷는다. 시간을 함께 붙잡아주고, 계절을 잘 느낄 수 있게 해준다. 이것도 음악의 중요한 기능 중 하나겠지.

몸빼바지는
허공에서 펄럭이고

제목 짓는 일은 언제나 힘들다. 한 단어로, 혹은 몇 개 단어의 조합으로, 혹은 한 문장으로 전체를 표현해야 한다. 쉬울 리 없다. 글을 다 써놓고 제목 때문에 끙끙댈 때도 많고, 제목이 떠오르지 않아 아예 글을 시작하지 못할 때도 많다. 자신의 작품에 딱 맞아떨어지는 제목을 찾아낸 사람들이 부럽기 짝이 없다. 그 사람들도 제목을 찾아내느라 나처럼 고생했겠지. 수백 개의 후보를 떠올렸다가 하나씩 제외하는 과정을 반복했겠지.

제목을 짓는 일에 특별한 재능을 발휘하는 사람도 있긴 하다. 내가 만나본 사람 중에는 (전 〈한겨레21〉, 〈씨네21〉 편집장이었던) 고경태 선배가 그랬다. 어떤 글을 쓰든 제목부터 먼저 만들어두는 버릇이 있었지만 한겨레에서 고경태 선배와 일할 때 그 버릇이 사라졌다. 고경태 선배는 내가 쓴 기사를 꼼꼼하게 한번 읽고는 곧바로 제목을 달았는데, 대부분의 제목은 섹시했고, 다양한 방식으로 읽혔고, 서너 개의 내용을 함축하고 있었으며, 기사의 내용을 관통해서 저 먼 곳까지 뻗어나갔다. 그런 제목을 달아주는 사람이 있는데 내가 굳이 제목을 달 필요가 있겠나 싶었다. 고경태 선배는 (내가 보기엔 손댈 필요 없이 완벽해 보이는) 제목을 그 후에도 여러 번 고쳤다. 조사를 바꾸기도 하고, 어미를 바꿔보기도 하고, 뒤집기도 하고, 말을 줄이고 늘였다. 특별한 재능에다 끈질긴 노력이 합쳐진 제목이 좋지 않을 도리가 없었다.

기사의 제목이야 그렇다고 해도 소설의 제목은 내가 지을 수밖에 없는데—소설의 제목을 다른 사람에게 부탁하는 건 좀 창피한 일이지— 늘 자신이 없고 불안하다. 얼마 전에는 새로 쓸 장편소설의 제목을 열 개 정도 적어서 여러 사람에게 보여줬는데, 모든 사람들이 선택하는 제목이 달랐다. 제목이 다 고만고만하다는 뜻이겠지.

소설가 김연수 씨와 함께 연재했던 칼럼 '나의 친구 그의 영화'를 책으로 펴내는 과정에서도 제목에 대한 나의 감각 없음이 여실히 드러나고 말았다. 김연수 씨는 '대책 없이 해피엔딩'이라는 제목을 주장했고, 나는 '평퐁 극장'이라는 제목을 고집했다. "야, 대책 없이 해피엔딩이 뭐야. 무슨 그런 이상한 말이 다 있어?"라고 구박을 했는데, 사람들은 '대책 없이 해피엔딩'이라는 제목을 훨씬 더 좋아했다. 뒤늦게 안 사실인데 '대책 없이 해피엔딩'이라는 말은 내가 쓴 칼럼에 등장하는 것이었다. 자신이 쓴 글에서 뽑혀 나온 제목에 반대하는 나란 인간은, 진정, 제목 종결자란 말인가.

산문집 『뭐라도 되겠지』를 펴낼 때도 비슷한 과정을 거쳤다. 내가 '놀이공원에 오신 여러분, 환영합니다'(내가 처음으로 쓴 단편소설의 제목이었다)라는 제목이 어떠냐고, 조심스럽게, 물었더니 편집부에서는 '뭐라도 되겠지'라는 제목이 어떠냐고, 역시 조심스럽게, 되물었다. 뭐라도, 되겠지, 라니, 너무 무책임한 제목이 아닐까, 라는 생각이 들었지만('뭐라도 되겠지'라는 제목 역시 내가 쓴 글에서 뽑혀 나온 것이었다) 이내 수긍하고 말았다. 책이 나오자 여기저기에서 제목 좋다는 얘기를 많이 들었다. 긍정의 기운이 넘쳐흐른다면서, 자신의 좌우명과 비슷하다면서.(나처럼 대책 없이 긍정적인 분들이 참, 많으셔!) 만약 '놀이공원에 오신 여러분, 환영합니다'라는 제목으로 책이 출간됐다면 어땠을까. '평퐁 극장'이라는 제목으로 책이 출간됐다면 어땠을까. 가끔은 두 개의 세계가 공존하는 세상에서 두 개의 제목으로 똑같은 책을 출간해보고 싶은 마음이 들 때가 있다. 결과가 어떻든지 심각한 종이 낭비겠지.

그룹 '얄개들'의 앨범 제목을 들었을 때 마치 전쟁 때 잃어버린 형제를 만난 기분이었고, 쪼개진 하트의 반쪽을 찾은 기분이었다. 앨범의 제목은 《그래, 아무것도 하지 말자》였다. 두 개의 제목을 합치면 문장이 완성된다. '그래, 뭐라도 되겠지, 아무것도 하지 말자.' '아무것도 하지 말자, 그래, 뭐라도 되겠지.' 어떻게 합쳐도 어감이 좋다.

얄개들은 최근에 알게 된 그룹인데, 연주가 참 좋다. 듣고 있으면 뉴욕의 한 클럽에 와 있는 것 같기도 하고, 때로는 구름을 타고 하늘 위를 둥둥 떠다니는 것 같기도 하다. 참으로 또박또박하게 연주를 하고, 노래는 무덤덤하고 무심하게 잘한다.

음반을 들었을 때 노래들이 각각의 덩어리처럼 느껴졌는데, 얘기를 들어보니 예전의 방식처럼 모든 멤버들이 녹음실로 들어가 원테이크로 녹음을 했기 때문이었다. 어떤 사람은 산울림을 닮았다고 하고, 어떤 사람은 송골매를 닮았다고 하는 게 그런 이유 때문이었을 거다. 얄개들의 음반을 들어보면 조각조각의 소리를 붙여놓은 게 아니라 하나의 덩어리라는 게 느껴진다. 앨범을 듣고 벨벳 언더그라운드나 루 리드를 떠올린 것도 비슷한 이유 때문이겠지. 하지만 누가 누굴 닮았다고 건네는 말은 위험하다. 얄개들은 누군가의 부분을 닮았을지 모르지만, 누군가의 전체를 닮지는 않았다. 얄개들은 이미 자신만의 독자적인 덩어리를 완성해놓은 그룹이었다.

공연장에서 그들의 음악을 들으면 더욱 놀란다. 이제 막 첫 번째 앨범을 낸 그룹인데, 얼마나 호흡이 좋고 소리들이 좋은지 모른다. 각각의 소리들이 사방으로 뻗어나가는 것 같으면서도 완전히 흩어지지는 않는다. 〈꿈이냐〉와 〈2000cc〉는 공연장에서 꼭 들어봐야 하는 곡이다.

내가 음반에서 가장 자주 듣는 곡은 〈산책 중에 우연히 마주친 외할머니〉라는 연주곡이다. 보컬의 무심한 목소리도 참 좋긴 하지만, 목소리가 하나도 없는 〈산책 중에 우연히 마주친 외할머니〉를 들을 때 내 머리가 더욱 활짝 열린다. 그 곡을 들을 때마다 네 사람이 연주하는 모습과 함께 그들의 머리 위로 펼쳐진 거대한 공간이 느껴진다. 소리들이 하늘로 날아가는 모습이 보이고, 저희들끼리 서로 얽히는 악기의 소리들이 눈에 보이는 것 같다. 별이 막 쏟아지다가 갑자기 소리들과 부딪쳐서는 불꽃이 튀다가…… 한번 들어보면 내 표현의 의미를 알 수 있을 것이다.

제목이 좀 뜬금없긴 하다. 이런 우주적인 사운드에 붙은 제목이 〈산책 중에 우연히 마주친 외할머니〉라니……. 얄개들에게 물어봐도 대답을 안 해준다. "그냥 외할머니가 좋아서요"라는 뜬금없는 대답이 전부다. 그래서 혼자 상상해본다. 산책 중에 우연히 외할머니를 만난다는 상상을 하면서 음악을 듣는다. 나의 외할머니는 돌아가셨는데 어쩌나, 생각할 필요도 없이, 상상 속의 외할머니를 생각하면 되니까. (저기 멀리로) 돌아가셨던 외할머니가 갑자기 우리 동네 호수공원 산책길에 나타나서서 환히 웃으시는데, 외할머니 몸이 기타 소리에 맞춰 하늘로 붕붕 떠올랐다가, 주름진 얼굴로 어리둥절해하시다가 이내 드럼 소리에 맞춰 몸을 흔드시고, 몸뻬바지는 허공에서 펄럭이고, 나는 외할머니를 올려보면서 고개를 까딱까딱 흔들고 리듬에 맞춰보고, 얄개들의 음악은 절정으로 가면서 기타 소리가 마구 미끄러지다가 갑자기 휙, 모든 게 사라진다. 음악도, 외할머니도, 다 사라지고 없다. 아, 고요하다. 고요한데, 외할머니의 잔영과 기타 소리의 여운은 아주 천천히 공기를 떠돌고 있다. 이게 다른 제목이었다면 또 다른 걸 상상했겠지.

두 개의 세계가 공존하는 세상이었다면 이 음악에다 '꽃잔치'나 '꿈이냐'나 '불구경' 같은 제목을 붙여보고 다르게 들어볼 수 있을 테지만, 이미 내 속에서 〈산책 중에 우연히 마주친 외할머니〉라는 곡은 완성되었다. '산책 중에 우연히 마주친 외할머니'가 내게는 너무나 좋은 제목이다. 외할머니, 곧 산책길에서 다시 만나요.

마이마이라는 이름은 참 멋지다.
"이건 다른 사람 게 아냐. 바로 네 거야."
그렇게 얘기해주는 것 같다.

내 것, 내 기계, 내 카세트테이프.
그리고 내 노래들이 시작되었다.

스프링,
아이 러브 유

음악에 대한 글을 쓰다 보면 이상하게 계절 이야기를 자주 하게 된다. 음악과 계절을 떼놓고 생각할 수 없다. 계절은 음악의 스피커가 되어 소리를 더 잘 들리게 하고, 음악은 계절의 공기가 되어 향기를 더 잘 맡을 수 있도록 해준다. 비가 오고, 바람이 불고, 눈이 내리고, 태풍이 몰아치면 늘 듣던 음악이 다르게 들린다.

어떤 노래를 듣느냐에 따라 봄의 기운도 달라진다. 이지형의 〈봄의 기적〉에 스며 있는 아지랑이 같은 봄도 있고, 가슴 아리고 눈물 나는 〈봄날은 간다〉의 봄도 있고, 추적추적하고 끈적끈적한 〈봄비〉의 봄도 있고, 롤러코스터와 김현철이 함께한 〈봄이 와〉의 경쾌하고 나른한 봄도 있다. 수많은 봄노래 중에서 이상하게 나는 〈고향의 봄〉만 들으면 마음이 아련해진다. 〈고향의 봄〉은 누가 부르도 마찬가지다. 신영옥 버전도, (이정선, 이광조, 한영애, 김영미의) 해바라기 버전도, 심지어 파리나무십자가 소년합창단이 부르는 〈고향의 봄〉도 듣고 있으면 코끝이 찡하다. 그게 아마 멜로디의 힘이겠지. 이보다 더 봄에 어울리는 멜로디는 없는 것 같다.

요즘 자주 듣는 봄노래는 빅 베이비 드라이버의 〈Spring I Love You Best〉다. 듣고 있으면 산들산들 봄바람이 부는 뒷동산에 누워서 마을을 내려다보고 있는 것 같다. 시간은 오후 1시쯤이고, 햇살은 따뜻하고, 마을은 조용하고 평화롭다. 봄은 지금 막 뒷동산에서 마을로 내려가는 중이다. 마을 사람들은 봄이 오는 걸 눈치채지 못하고 있다. 이 노래가 드라마 〈신사의 품격〉에도 등장했다는데, 드라마를 보지 않아서 어떤 분위기였는지는 모르겠다.

이 노래는 '오프더레코드'의 라이브 버전으로도 발표됐다. '오프더레코드' 시리즈라는 이름을 듣고 〈블랙 캡 세션 Black Cap Sessions〉(택시 안에서 노래를 부른다)이나 〈테이크 어웨이 쇼 Take Away Show〉(야외에서 노래를 부른다)처럼 특별한 공간에서 노래를 부르는 뮤지션들의 생생한 목소리를 전해주는 기획을 상상했는데, 생각과는 달리 조용한 카페에서 노래 부르는 모습만 담겼다.

빅 베이비 드라이버가 노래하는 모습을 볼 수 있어 좋았지만 심심한 감이 없지 않았다.

〈테이크 어웨이 쇼〉에 등장했던 본 아이버, 앤드루 버드, 플릿 폭시스(세 팀의 공연은 꼭 보시길!)가 길거리를 돌아다니면서 노래를 부르는 모습은 무척 감동적이었다. 그 공연들을 몇 번이나 봤는지 모른다. 길거리의 사람들 사이로 스며든 노래는 강렬했고, 부드러웠다. 소리는 깨끗하지 않았지만 울림이 컸다. 빅 베이비 드라이버가 기타 한 대 들고, 봄바람 부는 뒷동산에 올라 〈Spring I Love You Best〉를 불렀으면 어땠을까. 노래를 바람에 실어 봄과 함께 마을로 내려보냈으면 어땠을까. 괜히 혼자 상상해보았다.

예,
키스 마이 에스키모, 드라이클리닝, 베이비

그간 품위 있는 문장과 족집게 같은 비유로 아름다운 노래들을 소개해왔던 이 글에 드디어 위기가 찾아왔다. 다른 노래들에 정을 붙여보려 해도 잘되질 않는다. 이러지 말자고 나 자신을 추슬렀지만, 쉽게 되질 않는다. 이러면 안 된다고, 돌아온 샤이니도 있고, 섹시한 씨스타19도 있고, 귀여운 레인보우도 있고, 길쭉길쭉한 나인뮤지스도 있는데 왜 하필 그들이냐고, 가수인지 아닌지도 알 수 없는 멋없이 뚱뚱한 아저씨를 꼭 소개해야 하느냐고, 묻고, 되묻고, 마음을 다잡아보았지만 내 마음이 뜻대로 되질 않는다. '형돈이와 대준이'에 빠져든 것은 불가항력이었다.

오래전부터 정형돈의 팬이었다. 〈개그콘서트〉에서 '아하 그렇구나'를 노래할 때도, 〈무모한 도전〉에서 심은하 헤어스타일로 소와 줄다리기를 할 때도 그를 좋아했다. 아마도 그를 좋아한 이유는 (내가 이걸 왜 하고 있는지 모르겠다는) 심드렁한 표정 때문이었던 것 같다. 막상 뭔가 맡기면 못하는 게 없는데 일단은 모든 일에 시큰둥하다. 통통한 몸매를 아무렇게나 내던지며 '싫어, 이걸 왜 해' 하는 동작을 하고 있으면 그게 얼마나 귀여운지 모른다. 〈무한도전〉에서 정형돈이 눈알을 뒤집으며 정신줄 놓는 춤을 보고 있으면 나 역시 정신줄을 놓고 만다.

정형돈의 개그는 대부분 좋아했지만 노래는 경우가 달랐다. '뚱스'와 '파리돼지앵'을 거쳐 형돈이와 대준이에 이를 때까지 그의 모든 노래를 좋아한 것은 아니었다. 좋은 노래도 있었지만 어처구니없는 노래도 있었고, 장난이 너무 심해 금방 질리는 노래도 있었다. 이런 노래를 꼭 발표해야 하나 싶은 경우도 있었다. 하지만 정형돈은 이성으로 판단할 수 없다. 마음 한쪽으로는 그런 생각을 하면서도 나는 어느샌가 정형돈의 노래를 듣고 있다. 〈올림픽대로〉나 〈안 좋을 때 들으면 더 안 좋은 노래〉는 심지어 자주 듣는다. 정형돈에게 가장 잘 어울리는 조합은 형돈이와 대준이인 것 같다.

형돈이와 대준이의 앨범 《스윌 껭스타랩 볼륨1》을 들을 때는

〈인트로〉부터 배꼽을 잡고 웃었다. 랩이라곤 하지만 라임은 별로 없다. 뇌를 정확히 거치지 않고 단순한 연상 작용만으로 가사를 그저 내뱉을 뿐이다. 〈인트로〉에서 "마더 파킹(주의: 'F' 워드가 아니라 'P' 워드다) / 엄마는 주차 중 베이비 후 / 엄마 차 후방 카메라 / 앤 정면 주차 베이비 후 / 우리 욕 안 해요"로 이어지는 가사들을 듣고 있으면, 이 사람들이, 도무지 생각이 있는 사람들인지 의심스러울 정도다. 이어지는 〈꺼져〉에서는 (키스 마이 애스가 아니라) "키스 마이 에스키모"를 외친다. 노래의 완성도를 떠나 저런 가사들을 진지하게 읊는 정형돈의 목소리만으로도 나는 완전히 무장해제된다. 낄낄대면서 정형돈의 목소리를 따라가다 보면 나도 따라 생각이 없어진다. 뇌가 청결해지고 뽀송뽀송해진다. 가끔 그렇게 뇌를 드라이클리닝하는 시간이 필요하다. 예, 드라이클리닝, 베이비.

미음에서 리을까지

어릴 때 수학을 잘하지 못했지만(이라고 에둘러 표현해본다. 엄밀하게 따지면 수학은 낙제 수준!) 수학책 보는 건 좋아했다. 거기엔 숫자와 도형이 많아서 보고 있으면 암호문을 들여다보는 것 같았다. 그걸 계속 들여다보기만 해도 세상의 비밀을 알아챌 수 있을 거라고 생각했다. 나이가 들어서는 표지판이나 그라피티나 도시 속 기호를 보는 걸 좋아했다. 낯선 나라의 도시에 가면 암호문 같은 표지판을 자주 들여다보았다. (조금 과장하면) 기호나 표지판 속에는 문명과 윤리와 마음이 들어 있다. 단순화된 동그라미와 네모와 화살표 속에서 그런 걸 찾아내고 싶어하는 건, 아무래도 내가 이상한 거겠지.

외국의 어느 도시에 갔을 때 지하철, 즉 메트로Metro 표시를 해놓은 'M'을 보고 그 형상이 참 마음에 들었던 적이 있다. 거참 시원시원하게 세워놓았군, 아주 멀리서도 지하철을 잘 볼 수 있겠어, 싶었다. 그로부터 몇 달 후, 사람들과 함께 외국 여행을 하다가 사소한 의견 충돌이 있었다. 저 멀리 M 자가 보였다. 내가 잘난 척하면서 "아, 저기 지하철이 있네요"라고 말했고, 옆에 있던 사람이 "에이, 무슨 소리예요. 맥도날드 간판이구먼"이라고 반박했다. "내기 할래요?" 내가 말했고 "그럽시다" 호기롭게 상대방이 말했다. 얼마였더라. 5유로였나, 10유로였나. 우리는 커다란 M 자를 향해 걸어갔다. 가까이 가면 갈수록 메트로 같기도 하고 맥도날드 같기도 했다. 걸어갈수록 조마조마했다. 살면서 얻는 깨달음이 참 많은데, 돈을 통해 얻는 깨달음이 가장 값지고 기억에도 오래 남는 게 아닌가 싶다. 사람은 함부로 확신을 가지면 안 된다. 그리고 그 후로 맥도날드에는 잘 안 가게 되더라.

기호를 워낙 좋아해 소설의 제목으로 쓰기도 했다. 「C1+y= :[8]:」라는 도무지 해석 불가능한 제목의 단편을 쓰기도 했고, 2012년에 낸 작품집 제목은 『1F/B1』이다. 호기롭게 쓰긴 했지만 불편한 점이 많다. "어떻게 읽어야 하나요?"라는 질문을 수시로 받는다. "시티는 스케이트보드" "일층, 지하 일층"으로 읽으시면

됩니다. 라고 자주 대답한다. 그럼 그렇게 제목을 달 일이지 왜 기호를 제목으로 하셨나요, 라고 물어본다면 "에이, 그럼 폼이 안 나잖아요"라고 말하고 싶지만 (명색이 소설가인데) 그렇게 말하긴 그렇고, 기호가 가진 모호함이 마음에 들어서라고 답한다. 기호는 함축적 언어이기 때문에 자세히 들여다보면 빈틈이 꽤 넓어서 상상할 여지가 많다.

싱어송라이터 '를'의 노래 〈ㅁ〉을 듣다가 여기까지 이르렀다. '미음'이라고 읽고, 상자 속에 갇힌 마음을 추상적으로 표현한 제목이라고 한다. 앨범 재킷이 무척 마음에 든다. 여러 집들이 조각조각 이어져 '를'이라는 글자를 만들고 있는데, 음악도 비슷하다. 일상의 소리들이 조각보처럼 이어져 노래의 빈 곳을 채우고 있다. 익숙한 노래지만 어딘지 모르게 조금 다르다. 〈ㅁ〉을 다 듣고 나면 마음이 조금 부드러워져서 'ㄹ'(리을)이 되는 것 같다.

야간 자율학습 시간이면
늘 라디오를 들었다.
라디오 속에는 내가 꿈꾸는 세상이 있었다.
조용하고
유머가 넘치며,
평화로운 음악이 흐르는 세상이
거기 있었다.
교실에 앉아 있는 내가 너무 싫고 끔찍할 때마다
라디오는 나를 다른 곳으로 데려가주었다.
지금 내가 서 있는 이 자리는
과거의 라디오가 만들어준 것이다.

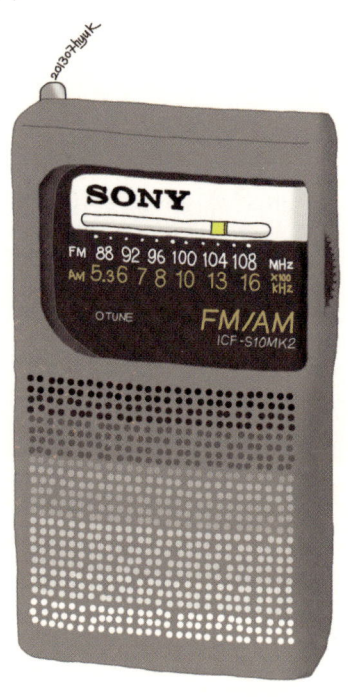

터닝 포인트
뮤직

모든 사람에게는 인생의 터닝 포인트가 되는 사건이 한두 개씩 있게 마련이다. 지나는 중에는 잘 모르지만 '아, 그 일이 나에게 참 중요한 사건이었구나' 뒤늦게 깨닫게 된다. 모든 일이 시작된 하나의 지점, 하나의 순간, 인생을 바꿀 수 있다면 타임머신을 타고 돌아가야 할 그곳. 내게도 몇 개의 지점이 있다. 첫 번째는 바로 기타를 처음 배우던 순간이다. 기타를 팔로 감싸 안고, 왼손으로는 코드를 짚고 오른손으로는 여섯 개의 줄을 훑던 그 순간, 내 인생은 바뀌기 시작했다. 기타를 배우지 않았더라면 나는 완전히 다른 사람이 되어 있었을 것이다.

기타를 배우기 전부터 음악을 듣긴 했다. 시작은 대부분 비틀스였다. 초등학교 시절, 〈Yesterday〉〈Let It Be〉를 들으며 한국어 발음을 적고(예스터데이, 올 마이 츄로블 씸쏘 파러웨이) 그걸 최대한 원어와 가깝게 부르려고 노력했다. 비틀스의 멤버가 누군지, 뭐 하는 사람들인지, 어느 나라 사람들인지 아무것도 몰랐지만(하하, 이제는 다 알지요!) 그런 건 중요하지 않았다. 이국의 언어를 발음하는 순간 여기가 아닌 곳으로 날아갈 수 있었다. 뜻을 알지 못하는 영어 가사를 주문처럼 외웠다.

비틀스의 노래를 계속 듣다 보니 제대로 따라 불러보고 싶은 마음이 들었다. 이상한 가사 말고 제대로 된 영어로, 누워서 부르는 것 말고 기타를 치면서 멋지게 〈Yesterday〉와 〈Let It Be〉를 불러보고 싶었다. 몇 달 치 용돈을 모아서 기타를 사고 싶었지만, 어림 반 푼어치도 없는 계획이었다. 1년 용돈을 모아도 살 수 없는 가격이었다. 그때부터 어머니를 얼마나 졸랐는지 모른다. 협박도 했고, 애원도 했고, 약속도 했고, 발연기도 했다. 어머니는 아들 인생이 어떻게 바뀔지도 모르면서, 기타를 사주셨다.

골방에 틀어박혀 기타 교본을 보며 열심히 기타를 쳤다. 음악적 재능을 발견하여 뮤지션이 되기로 마음먹었다면 참 좋았겠지만, 안타깝게도 내게는 음악적 재능이 없었다. 없었다기보다 어중간한 재능이 있었다. 재능을 발견했다고 말하기에는 재능이 부족

했고, 재능이 없다고 말하기엔 미미한 재능이 엿보였다. 세상에 어중간한 재능만큼 불편한 게 없다. 써먹지도 못하는데, 버리기엔 아깝다. 어중간한 음악적 재능을 어떻게 해야 하나 고민하며 하루하루를 보내다가 어느 날 문득 뒤를 돌아보니, 아뿔싸, 공부가 저 멀리 있었다. 그동안 공부와 담을 쌓고 있었구나. 담은 꽤 높았고, 시계를 보니 어느덧 중학교 3학년.

기타를 연습하며 다양한 장르의 음악에 관심을 가질 수밖에 없었다. 중학교 시절만큼 음악을 열심히 들었던 때는 없었던 것 같다. 새로운 수학 공식과 새로운 영어 단어는 그냥 흘려보내고 새로운 밴드 이름과 신곡 제목은 기가 막히게 잘 외웠다. 지금 생각해도 참 신비로운 일이다. 나도 이제 어른이지만, 나 같은 아이들에게 어른들이 늘 하는 얘기가 있다. "그 노력과 정신으로 공부를 했으면 하버드도 문제없었겠다." 하버드를 모르고 하는 소리고, 나 같은 아이들을 모르고 하는 소리다. 그렇게 쉽게 들어갈 수 있는 학교가 아니고, 그렇게 쉽게 관심의 대상을 바꿀 수 있는 아이들이 아니다. 학교 공부는 대강 끝내놓고, 시험공부하듯 팝송을 공부했다. 〈월간팝송〉이라는 뛰어난 참고서가 있었기 때문에, '세계 3대 기타리스트'의 계보라든가 '딥 퍼플의 분파 요약' 같은 걸 그림과 함께 공부할 수 있었다. 장르의 특징과 각 장르의 대표 아티스트를 공부했고, 시대별 명반을 한 장씩 사 모으기 시작했다. 아티스트들은 다단계 판매 회사와 비슷한 구조로 연결돼 있었다. 한 명의 아티스트를 파보면 그 줄기에 대여섯 명의 새로운 아티스트가 주렁주렁 달려 있었다.

대구에 있는 대학을 다닐 때 본격적인 음반 컬렉션에 돌입했다. 아르바이트를 하기도 했지만 용돈을 모으는 방법이 가장 빨랐다. 일주일에 한 번 고향 김천에 가면 부모님이 용돈을 주셨다. 당시 수입 음반 가격이 1만 2천 원에서 1만 5천 원 정도였던 것으로 기억하는데, 용돈을 받으면 곧장 음반 가게로 달려가서 음반 두 장을 샀다. 아르바이트로 구입한 음반과 용돈으로 구입한 음반은 일주일 동안의 식량이었다. 일주일 동안 아껴 먹고, 친구와 선배들이 나눠 주는 걸 받아먹었다.(이것이 진정한 '아나받아' 운동.) 구차한 대신 음악은 포식할 수 있었다. 지금 생각하면 세상에 그런 민폐가 또 어디 있나 싶지만 그때는 음악이 가장 중요했다. 더 많은 음악을 듣고 싶었고, 더 많은 음반을 소장하고 싶었다.

어째서 그렇게 팝송에 집착했는지 모르겠다. '들국화'나 '어떤 날'이나 '산울림' 같은 가요도 듣긴 했지만 팝송을 훨씬 많이 들었다. 영어 가사를 해석하고, 한 곡 한 곡 분석하면서 밤새워 팝송을 들었다. 이제 와서 생각해보면 그건 일종의 '콤플렉스'가 아니었나 싶다. 내가 태어나서 자란 경상북도 김천은 문화적 혜택이 많은 도시가 아니었다. 제대로 된 음반 가게는 두 개밖에 없었고, 클럽 같은 건 먼 나라 이야기였으며, 공연을 보려면 기차를 타고 대구까지 가야 했다. 그나마 볼 수 있는 공연도 한정적이어서 '들국화'나 '벗님들' 같은 대형 뮤지션의 공연만 간신히 볼 수 있었다.

김천 내에서 유일하게 음악적 기운이 넘쳐흐르던 '르네상스'라는 이름의 음악 감상실이 기억난다. 그곳은 김천에서 '음악 좀 듣는다는' 친구들이 모두 모인 곳이었다. 거기에 가면 묘한 에너지가 있었다. 자신의 음악적 지식을 뽐내기 위해 거들먹거리는 친구도 있었고, 한 곡의 음악이라도 더 빨아들이기 위해 온몸의 감각을 집중하는 친구도 있었고, 음악이라는 취향을 통해 여자 친구를 사귀고 싶어하는 '불순 세력'들도 있었다. 나로 말할 것 같으면, 온몸의 촉수를 스피커 쪽으로 고정시키는 타입이었고, 낙후된 동네에 산다는 콤플렉스를 극복하기 위해 르네상스에 자주 들렀다. 거기 있으면 어쩐지 동네를 벗어난 기분이었다.

대학교 방학 때 들른 르네상스에서의 묘했던 기분이 지금도 생생하게 기억난다. 그동안 나는 대구에서 수많은 음악을 접했으므로, 정식 발매되지 않은 수입 음반들로 귀를 단련했으므로,

수많은 장르를 새롭게 알게 됐으므로, 음악 카페 같은 곳에서 뮤직비디오도 많이 봤으므로, 공연도 여러 번 봤으므로, 외국 잡지의 연말 베스트 같은 목록에다 밑줄을 그어가며 음악을 들었으므로, 좀 우쭐했던 것 같다. '히야, 이런 곳에서는 아직도 이런 음악을 듣고 있구나' 싶은 생각을 하면서 새롭게 알게 된 최신 얼터너티브 록 음악을 신청했던 기억이 난다. 아휴, 지금 생각해도 얼굴이 화끈거린다. 디제이가 신청곡을 틀어줬는지는 기억도 나지 않는다. 우쭐했던 기억만 남아 있다. 그때는 음악을 많이 아는 게 음악을 잘 아는 거라고 생각했다.

그 후로도 수많은 음악을 들었다. 아트록도 열심히 들었고, 메탈도 들었고, 재즈에 빠졌던 적이 있다. 언제부턴가 음악을 더 많이 알아야겠다는 생각이 없어졌다. 음악에 대한 호기심이 없어졌다는 얘기는 아니다. 예전에는 (부끄러운 이야기지만) 누군가 음악을 추천해주면 그 음악을 내가 모르고 있다는 게 속상했다. 세상에나, 세상이 얼마나 넓고 뮤지션은 또 얼마나 많은데 그딴 일로 속상해하나 싶지만, 그때는 그랬다. 모르는 음악이 나오면 음악 듣기를 소홀히 한 것 같았고, 내가 음악을 잘못 듣고 있는 건 아닌지 걱정됐다. 언제부턴가 그런 마음이 없어졌다. 모르면 모르는 거고, 알면 운이 좋은 거고, 멋진 음악을 소개해준 사람을 좋아하면 되는 거다. 내 주변에서 일어나는 모든 일을 다 알 수 없고, 한 사람의 모든 면을 알 수 없듯이, 세상의 모든 음악을 알 수는 없다.

필사적으로 음악을 들었던 시절을 생각하면 어쩐지 부끄럽고 웃음이 나지만, 그게 또 나였다는 걸 인정하고 싶다. 어떤 친구는 집안을 살리기 위해 필사적으로 공부를 했고, 어떤 친구는 (다 이유가 있겠지만) 필사적으로 여자들의 꽁무니를 쫓아다녔으며, 나 같은 녀석은 현실을 잊어버리기 위해 필사적으로 음악을 들었다. 그건 부끄럽다기보다 애달픈 일이었다. 이제는 (음악에 대해서나 삶에 대해서나) 조금 여유 만만해졌지만, 필사적인 시절을 보내지 않았으면 이런 날이 오지도 않았을 거라는 생각도 든다.

공부하듯 음악을 듣는 바람에 얻게 된 게 또 하나 있다. 나는 기타를 산 덕분에 음악을 열심히 들었고, 음악을 열심히 들었던 덕분에 소설가가 되었다. 기타를 치면서 혼자 있는 시간을 사랑하게 됐고, 내게 음악적 재능이 부족하다는 걸 알게 됐고, 그래서 다른 사람의 음악적 재능을 흠모하게 됐고, 그러면서 혼자 있는 시간을 사랑하게 됐고, 음악을 들으면서 이야기를 만들어내는 것도 좋아한다는 걸 깨닫게 됐고, 그렇게 소설을 쓰게 됐다.

혼자 있었고, 계속 소설을 썼고, 소설가가 됐다. 음악이 없었다면, 기타가 없었다면, 나는 어떤 사람이 됐을까. 가끔 그런 공상을 해본다.

여름

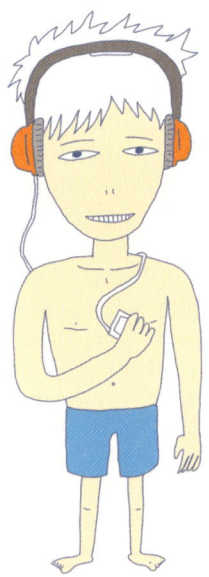

맥주는 술이 아니지,
암 그렇고말고

일본에 다녀왔다. 니가타 현립대학에서 자리를 마련한 '한국 현대 소설 작가와의 만남'을 위해 니가타에 갔다가 동경에 들러 소설집 『악기들의 도서관』의 일본판 출간 인터뷰와 기념행사에 참여하고 돌아왔다. 이렇게 써놓으니 대단한 한류 작가 같다. 그런 거 아니다. 그냥, 갔다 왔다. 일본의 한국 문학 팬들과 문학 이야기를 나누면서 즐거운 시간을 보내고 왔다.

니가타에 간다고 하면 돌아오는 대답은 거의 비슷했다. "아, 설국." 대부분의 사람들이 『설국』의 첫 문장을 떠올렸다. 유명한 첫 문장은 이렇다. "국경의 긴 터널을 빠져나오자, 눈의 고장이었다. 밤의 밑바닥이 하얘졌다." 직접 니가타에 가보니 정말 그랬다. 화창한 날씨였는데 긴 터널을 빠져나오자 거짓말처럼 눈이 내리고 있었다. 같은 일본이었지만 거긴 눈으로 둘러싸인 독립된 나라 같았다. 온천에 가서 피로도 풀고, 맛난 것도 많이 먹으면서 호강하고 왔는데, 한국으로 돌아온 지금 가장 많이 생각나는 건 맥주다.

일단 한국의 맥주와 일본의 맥주는 많이 다르다. 일본 맥주의 보리 향이 훨씬 진하고, 쌉싸름한 맛이 두 배 정도 강하다. 일본에서 만난 어떤 분은 한국과 일본의 음식 문화가 다르기 때문에 맥주 맛도 다를 수밖에 없다는 의견을 내놓았다. 일본보다는 한국의 양념이 훨씬 무겁기 때문에 한국에서는 목 넘김이 좋고 가벼운 맥주를 만들 수밖에 없다는 것이다. 실제 그런지 아니면 일본의 맥주 기술이 훨씬 발달했고 더 좋은 재료를 쓰기 때문인지는 모르겠다. 아무튼 내 취향은 일본 쪽이다. 보리 향 진하고 쌉싸름한 맥주를 선호하는 나로서는 발 닿는 모든 곳이 맥주의 천국이었다. 일반 병맥주와 생맥주도 맛있지만, 그 지역에서만 맛볼 수 있는 특산 맥주가 있어서 반드시 그걸 마셔보고 가야 한다는 말에 곧바로 니가타의 맥주를 주문했는데, 그 맛이…… 정말, 아…… 원고 마감을 하고 있는 이 순간, 목구멍 깊은 곳에서부터 갈증이 밀려온다. 내가 주문한 맥주는 스완 레이크 비어의

'앰버 스완 에일amber swan ale'이었다. 그때 찍어둔 사진이 아직도 휴대전화에 있어서 그걸 다시 유심히 바라보는데, 짙은 갈색과 상큼한 아이보리색 거품이 참으로 바람직한 비율로 나뉘어 있다. 보는 것만으로 맛이 떠오른다. 입에 댔을 때 거품 사이로 밀려들어오던 뭉툭한 물 덩어리, 곧 입안으로 퍼졌던 보리 향……. 기본이 훌륭한 맥주이기도 했지만 이곳이 아니면 마실 수 없는 맥주라는 간절함이 맛을 배가시켰던 것 같다. 앰버 스완 에일의 맛을 생각하면 니가타의 거리가 생각날 것이다.

맥주를 많이 좋아한다. 다른 술의 양은 적은 편인데, 맥주 욕심은 끝이 없다. 다른 사람 두 잔 마실 때 세 잔 마신다. 맥주란, 모름지기 메마른 목구멍에 단비를 내려주듯 첫 잔 비우는 쾌감으로 마시는 건데(모든 술이 그런가?) 다섯 잔, 여섯 잔째를 마시면서도 첫 잔의 쾌감을 바라니 맥주를 마실 때면 언제나 '2퍼센트 목마르다'. 동네에 맛있는 맥줏집이 드문 것도 아쉬울 뿐이다.

어린 시절 동네에서 놀 때면 대낮부터 평상에 앉아서 맥주를 마시던 아저씨들이 늘 있었다. 길쭉한 병맥주를 여러 병 세워두고 오징어나 쥐포 같은 마른안주를 곁들인 다음, 동네의 날씨나 지나가는 사람들의 모습을 음미하면서 마시는 술맛은 얼마나 기가 막혔을까. 그 시절의 풍경이 그리울 때면 가끔 동네 친구와 낮

술을 마시곤 한다. 우리도 이젠 제법 나이가 들어서 풍경의 실루엣이 얼추 비슷하다.

바비빌의《Dr. Alcohol》의 재킷을 보는 순간, 동네 맥줏집 주변에 널브러져서 각각 다른 곳을 쳐다보고 있는 그림 속 네 명의 남자를 보는 순간, '아, 바비빌의 이번 앨범도 아저씨들의 음악이구나' 직감했다. 평상에 앉아서 슬리퍼를 까딱거리며 시원하게 한잔하시던 동네 아저씨들의 모습이 떠올랐다. 바비빌의 첫 번째 앨범《The Men of the 3M》에 들어 있는 명곡〈맥주는 술이 아니야〉를 들었을 때도 (이런 표현 써도 될지 모르겠지만) 그 농염한 정서에 고개를 끄덕이곤 했는데, 이번 앨범은 더욱 숙성된 모습으로 돌아왔다.(이것은 마치 글렌피딕 12년산과 30년산의 차이랄까!)

혹시〈맥주는 술이 아니야〉라는 곡이 낯선 분들을 위해 잠깐 가사를 소개하겠다. "1989년에 탐구생활을 푸는 날 / 마루로 불러내셔서 아버지께선 / 맥주를 따라주셨네 / 어머닌 깜짝 놀라며 애한테 / 무슨 짓이냐 했지 / 아버진 껄껄 웃으며 상관없다며 / 이렇게 말씀하셨네 / 맥주는 술이 아니야 / 갈증을 풀어줄 뿐야 (…) / 맥주는 술이 아니야 인생을 / 적셔줄 뿐야." 아, 이런 가사를 듣고 멀쩡한 정신으로 잠을 청할 수 있겠는가. 맥주는 인생을 적셔줄 뿐이다. 깊이 공감한다. 아버지에게서 맥주 한잔 얻어 마셨던 아이는 자라서 두 번째 앨범 속 노래 〈술박사〉의 주인공이 되었다. "취직자리 찾기 참 힘들다 / 석사라도 따자고 / 다들 그러지만 난 그럴 필요가 없지 / 나는 술박사 닥터 알콜 / 위스키도 보드카도 데킬라도 다 마스터 / 키스박사 연애박사 / 난 부럽지 않아 / 취하고 나면 모두 예뻐져 / 나쁜 기억 따윈 잊어." 이런 초긍정의 세계관을 지닌 귀여운 술꾼 같으니라고…….

바비빌은 줄리아 하트, 가을방학 등으로 활동 중인 정바비의 컨트리 프로젝트다. 국내에서 컨트리음악을 하는 밴드는 두 손으로 꼽을 필요도 없고, 한 손으로 꼽을 필요도 없고, 한 손가락이면 충분하다. 도대체 저 멀고 먼 미국의 시골에서나 들을 법한 음악을, 아이돌과 걸 그룹이 넘쳐나는 한국 땅에서 누가 들을 것인가. 그런데 의외로 이 컨트리음악, 파면 팔수록 보물이 많다.

예전에는 나도 헤비메탈이나 하드록을 좋아하던 시절이 있었다. 온몸을 뒤흔들면서 귀가 터지도록 음악을 들었다. 음악을 듣는 일에도 체력이 필요한 법이어서 이제는 최고의 컨디션이 아니면 강한 음악을 선택하지 않게 된다. 프로그레시브 록이나 재즈도 마찬가지다. 예전에는 레드 제플린이나 메탈리카의 음악을 들으면서도 소설을 썼는데, 이제는 영 집중이 안 되어서 (가사가 등장하지 않는 클래식이나) 컨트리음악만 듣게 된다. 한번 컨트리음악에 빠지게 되면 그 끝없이 긍정적인 분위기와 무방비 상태일 때 갑자기 등장해서 심장을 도려내는 듯한 우수 어린 멜로디에서 헤어날 수 없게 된다. 켈리 윌리스, 조니 캐시, 루신다 윌리엄스, 제이슨 링겐베르그, 윌코, 행크 윌리엄스를 듣고 있으면 어찌나 마음이 평화로워지는지, 팀 버튼이 어째서 화성인들을 죽이는 비장의 무기로 컨트리음악을 골랐는지 알 것 같기도 하다. 지구인들을 모두 죽이겠다는 마음으로 나섰는데 이렇게 힘이 쭉 빠지는 컨트리음악을 들으면 나라도 싸울 마음이 싹 사라질 것 같다.

바비빌의 노래는 '한국에 뿌리를 내린' 컨트리음악이다. 웃겼다가 찡했다가 찌질했다가 때론 성숙한 우리말 가사가 압권이고, 한번 들으면 절대 잊히지 않는 정바비 특유의 멜로디 감각이 컨트리음악과 절묘하게 맞붙어 있다. 바비빌의 컨트리음악은 애잔하고 구슬프지만 유머가 있고 흥겹다. 바비빌 앨범 재킷 속 맥줏집으로 뛰어 들어가 시원하게 병맥주 한잔 하고 싶다. 생맥주를 조금 더 좋아하긴 하지만.

사는 게
이런 기가

오디션 혹은 서바이벌 프로그램 중에 〈탑밴드〉를 가장 좋아하는 이유는—여전히 음악에다 점수와 등수를 매기는 건 마음에 들지 않지만— 새로운 음악들을 많이 들을 수 있기 때문이다. 〈탑밴드〉에는 여타 오디션 프로그램에서 수없이 들었던 (그래서 따라 부르라면 따라 부를 수도 있을 것 같은) 팝 발라드, 1980~90년대 가요, 알앤비가 거의 등장하지 않는다.(세상에나!) 핑크 플로이드의 음악을 부르고 통과하는 밴드가 있는가 하면 '신중현과 엽전들'의 노래를 부르기도 하고, 〈인디언 인형처럼〉 같은 노래를 새로운 버전으로 부르는 밴드도 있다. 공중파에서 그런 노래를 들어볼 수 있다는 것만으로 즐겁다. 전에 비해 참가자들의 수준이 훨씬 높아진 덕분에 인디 밴드들의 잘 알려지지 않은 노래를 발견하는 순간도 흥미롭다. 이를테면 장미여관의 〈봉숙이〉 같은 노래. 크크크, 생각만 해도, 〈봉숙이〉의 가사만 생각해도 웃음이 터진다. ("데낄라 시키돌라 케서 시키났드만 집에 간다 카는" 봉숙이를 향해) "못 드간다 / 못 간단 말이다 / 묵고 가든지 / 니가 내고 가든지"라고 부드럽게 외치는, 그 와중에 술값 생각하는 이 남자들이 얼마나 솔직하고 귀여운지 모른다. 그래, 봉숙아, 네가 좀 너무했다! 마, 사과해라!

〈봉숙이〉가 재미있게 들리는 이유는 경상도 사투리 때문이다. 전라도 사투리보다—양동근의 노래에서 말고는 거의 들어본 적이 없는 듯— 경상도 사투리를 노래에 더 많이 쓰는 이유는 발음이 세서 더 자극적이기 때문일 것이다. 〈봉숙이〉에서도 "시키돌라"와 "시키났드만" "묵고 가든지" 같은 사투리의 (언뜻 들으면 불어 같기도 한) 센 발음들을 부드러운 멜로디와 엮어놓으니 갑자기 노래가 코믹해진다. 사투리와 노래와 유머를 잘 버무린 강산에의 노래 〈와그라노〉에 이은 쾌거가 아닐 수 없다.

들어본 것 중 '사투리 노래'의 최고봉은 MC 메타와 DJ 렉스의 〈무까끼하이〉(경상도 사투리로 '무식하게'에 근접한 말)였다. 〈와그라노〉와 〈봉숙이〉와 달리 〈무까끼하이〉의 가사는 살벌하다. 음악을 시작하던 즈음의 자신들의 생각과 상황을 랩에 담은 것인데, 듣다 보면 사투리와 비트와 감정선이 너무나 절묘하게 심금을 울려서 (경상도 사투리 쓰는 나만 그런 건지도 모르겠지만) 하이라이트인 "사는 게 이런 기가? 무까끼하이"를 외칠 때면 가슴에서 뭔가 끓어오른다. 그들의 솔직한 마음이 심장을 파고든다.

전라도, 경상도, 충청도, 강원도 곳곳에서 지금도 누군가 노래를 만들고 또 부르고 있을 텐데, 이런 사투리가 담긴 노래들도 꽤 있지 않을까? 사투리 노래들이 좀 더 수면 위로 올라오고 더 많이 만들어졌으면 좋겠다. 좋지 않나, 이런 솔직한 감정과 꾸미지 않은 말투들. 사투리 쓰는 게 뭐가 나빠! 아, 제가 괜히 울컥했군요. 죄송합니다.

더블 데커가 유행한 적이 있었다.
두 개의 테이프를 연달아 듣는 건
매력적인 일이었다.
하지만 더블 데커의 진짜 매력은
친구들에게 노래를 녹음해줄 수 있다는 거였다.
둘 중 하나를 다른 사람을 위해 쓴다는 것이었다.

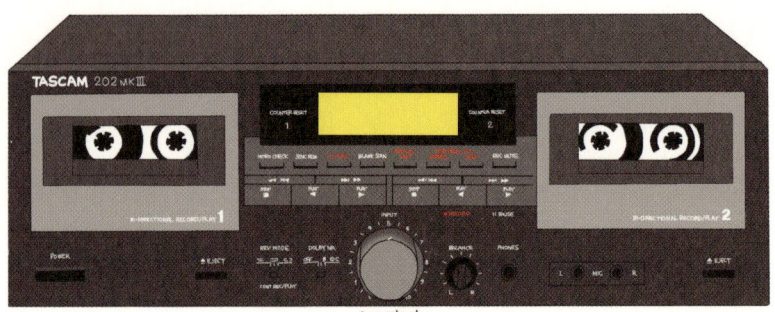

해변의 아침의
오후

책을 출간하면 신기한 일을 많이 겪게 된다. 일단 서점에서 내 책을 사는 사람이 있다는 게 가장 신기한 일이고—어떤 사람이 내 책을 사는지 숨어서 지켜보고 싶을 때도 많다. 실제로는 부끄러워서 책을 내고는 서점 근처에도 못 가지만— 내가 쓴 글을 재미있게 읽은 사람이 있다는 것도—물론 반대도 많겠지— 곰곰이 생각해보면 참 신기한 일이다. 신문사나 잡지사에서 인터뷰 요청 전화가 오는 것도, 독자들에게 (일종의) 팬레터가 오는 것도 참 신기한 일이다. 벌써 소설을 다섯 권이나 냈는데도 이런 일들을 계속 신기하게 느끼는 것도 신기한 일이다.

새 책의 내용에 대한 질문을 받을 때마다 무척 곤혹스럽다.

"주인공은 어째서 이러저러한 일들을 겪게 되는 것인가요?"라고 물어도 할 말이 없다. 내용이 기억나지 않는다. "아, 저는 그 책을 읽은 지 오래돼서 그 부분은 기억이 나질 않네요"라고 대답을 하는데, 질문한 사람은 이걸 농담으로 받아들이겠지만 나는 진심이다. 내게는 이미 다 지난 일들이다. 그럴 때 소설 속의 시간이 참으로 신기하다. 내게 현재였던 소설 속 시간이 독자들에게는 오지 않은 미래이고, 독자들이 책을 읽을 때의 현재가 내게는 이미 오래전에 끝이 난 과거이고, 내 책을 읽지 않은 사람에게 내 소설 속의 시간은 끝내 오지 않을 미래이다. 우리는 같은 시간 속에서 다른 시간을 사는 것이다.(그러니까 질문에 대답을 잘하지 못하는 걸 이해해주셔야 합니다. 아셨죠?)

　책을 내고 가장 곤혹스러운 순간이 책에 대한 인터뷰를 할 때라면, 가장 즐거운 시간은 독자들과 만날 때다. 사람들 앞에 나서서 뭔가 이야기를 해야 한다는 건 부담스럽지만 소설 속 시간을 함께 경험한 사람끼리 모여 있는 건 재미난 경험이다. 목성 패키지 투어를 함께 다녀온 클럽이나 난파된 배에서 기적적으로 구조된 생존자들의 모임 같은 곳에서 느낄 수 있는 유대감이 보이는 것이다.(난파된 배에서 구조된 사람들이 모임을 할까? 악몽 같은 시간이 되살아나는 게 싫을 수도 있겠고, 기적적으로 살아난 자신들을 격려해주고 싶을 수도 있겠다.) 독자와의 만남 때는 소설에 대한 이야기는 거의 하지 않는다. 농담을 하거나 그동안 살아온 이야기를 한다. 소설 얘기 같은 건 하지 않아도 우린 서로 다들 잘 아니까. 소설 속 시간을 함께 겪은 사람들이니까. 게다가 현실의 순간을 지금 이렇게 함께하고 있으니까.

마지막으로 신기한 일은 팬들로부터 선물을 받는 것이다. 아니, 내 책을 읽어줘서 고맙다고 내가 선물을 해도 모자랄 판에 이런 걸 받아도 되나 몰라. 가장 최근에 받은 선물은 ('재주소년' 박경환의 새로운 이름) 'Afternoon'의 첫 앨범 《남쪽섬으로부터》다. 아, 사려고 생각했던 음반이었는데, 정말 고맙습니다. 아침 일찍 일어나 〈해변의 아침〉이라는 곡을 자주 듣는데, 제주도 바다를 바라보며 들으면 무척 어울릴 것 같다.

떡볶이처럼 칼칼한 아이스크림

　나는 지금 프랑스의 엑상프로방스에서 이 글을 쓰고 있다. 라고 쓰면 엄청나게 멋있어 보일 거라고 (서울을 떠나기 전에는) 생각했는데, 솔직히 지금은 한국에 있는 사람들이 몹시 부럽다. 아, 공항에 들어가기 전에 떡볶이를 먹었어야 했다. 아니, 공항에 가서라도 어떻게든 떡볶이를 찾았어야 했다. 낯선 나라의 생전 처음 보는 음식을 잘도 먹는다고, 한국 음식 없어도 몇 달은 거뜬하게 버틸 수 있다고 자랑을 많이 했는데, 아, 이렇게 무너지고 마는가.
　하염없이 무너진 채로 엑상프로방스에서 리옹으로 가는 기차 안에서 사람들과 떡볶이 얘기를 했다. 한 사람은 '신당동'이라는 지명과 '어묵'이라는 단어에 '멘붕'을 일으키고는 입에 거품을 물었다. 그리고 어제 저녁, 문제의 음식을 먹고야 말았다. 리옹의 유명한 식당에 가서 현지인이 추천해준 음식을 주문했다. 이름은 참 예쁘다. 앙두이에뜨Andouillette. 영어로 된 설명에는 돼지, 소시지, 어쩌고저쩌고 설명이 돼 있었는데, 추천이니까 여기서 먹어보지 않으면 언제 또 먹어보겠나 싶은 몹쓸 여행자의 심보가 발동하여 일단 주문을 하고야 말았다. 쉽게 설명하자면 겨자 소스에 버무린 (순대 비슷한) 돼지 곱창이었다. 맛과 식감은 좋았다. 돼지고기 냄새가 좀 나긴 하지만 그럭저럭 견딜 만했고, 쫀득쫀득한 결기가 진하게 느껴지는 살들의 탄력은 탄성을 자아낼 만했다. 맛은 좋지만, 한계에 이르렀다.

프랑스에 오고 난 후 계속 빵-생선-쇠고기-돼지고기-빵-어쨌거나 고기-또 고기 등의 음식을 먹다가 '내가 진짜 고기의 진득한 맛이야'라고 소리를 지르는 앙두이에뜨를 만나니 두 손을 들 수밖에 없었다.(그래, 너 고기 짱 먹어라!) 아무리 맛있는 음식이더라도 쉼표가 없으면 안 된다. 쉬지 않으면 쉽게 질리고 만다. 최고의 문장 100개가 모조리 연결되어 있으면 그 어떤 문장도 빛이 나지 않는다. 쉬어가는 문장, 쓸데없는 문장 같은 문장이 조금씩 섞여 있어야 좋은 문장이 더 빛나게 마련이다. 빵과 고기의 대혼란 속에서 그나마 버틸 수 있는 건 디저트와 커피 덕분이다. 디저트와 커피로 쉬어갈 수 있다. 레몬 소르베(셔벗)를 먹고 나면 온몸이 시큼 달콤하여 고기를 먹기 전으로 되돌아갈 수 있다. 커피를 마시고 나면 혀와 미각이 '리셋'된다.

유학생 한 명이 요즘 자주 듣게 되는 노래라면서 이어폰을 건네주었다(기보다 내가 칼럼을 써야 한다며 노래 한 곡 추천해달라고 했다). 아, 거기에서는 (하필이면) 현아의 〈아이스크림〉이라는 노래가 흘러나오고 있었다. 현아를 특별히 좋아하지 않았는데, 여기서 들으니 목소리가 무척 매력적이었다. 떡볶이처럼 '칼칼한 목소리'라고 해야 하나.(아니, 내가 지금 무슨 소리를······.) 마음 같아서는 DJ DOC의 〈신당동(허리케인 박)〉도 이어서 들어보고 싶지만, 여긴 한국이 아니라서 인터넷 사정도 그리 좋지 못하다. 끙.

내가 다 해봐서 아는데

텔레비전 음악 순위 프로그램에서 언제부터 가사를 보여주기 시작했을까. 자막처럼 가사를 보여주는 건 반대지만(전 음악도 못 듣고 춤도 못 보고, 자꾸 그걸 읽고 있단 말예요! 음악을 자막으로 배운단 말예요!) 아이돌 그룹들의 현란한 노래와 랩의 의미를 제대로 전달하려면 그 방법밖에 없을 것 같기도 하다. 가사의 내용이 어찌나 '아스트랄'하고 괴이하고 직설적인지, 자막 읽는 재미에 시간 가는 줄 모른다. 노래와 퍼포먼스와 가사의 불일치 때문에 배꼽을 잡는 경우도 많다. 걸 그룹들의 노래는 대부분 '너는 정말 나쁜 남자다'라거나 (그래서) '남자와 곧 헤어질 예정'이거나 (아니다) '내가 오히려 나쁜 여자다'라거나 (이럴 바엔) '다 싫어, 전부 꺼져버려'(라며 '멘붕'의 극단을 보여주는) 가사들이 많은데, 이토록 가사는 슬프고 비트는 살벌하게 빠르고, 춤은 몸살나게 아크로바틱한 이유에는 '슬픈 일이 있을 때는 빠른 음악 속에서 너의 몸을 극도로 피곤하게 만들어 이겨내도록 하여라'라는 메시지가 담겨 있는 게 아닐까 생각해보기도 한다. 걸 그룹들의 무대가 슬프다.

관심이 깊어지고 있는 걸 그룹 '써니힐'은 '아스트랄 걸 그룹'의 한 극단에 있다.(반대쪽엔 에프엑스?) 써니힐의 가사를 보고 있으면 정신줄을 놓은 멍한 모습의 누군가가 보인다. 3인조였을 때나 《최고의 사랑 OST》 중 〈두근두근〉을 부를 때만 해도 멀쩡한 사람들로 보였는데, EP《Midnight Circus》에 든 〈Let's Talk about〉을 들으면서 이들의 남다른 해괴함을 눈치채고 말았다.

〈Let's Talk about〉은 미성과 코타가 작사에 참여한 곡인데, 노래 중에 갑자기 연기를 한다거나 내레이션을 한다거나, 어디서 많이 들어본 듯한 '구어'를 끌어들여 노래를 풍성하게 만드는 솜씨가 놀랍다. 써니힐은 해괴함을 숙성시키더니 결국 다음 앨범에서 〈나쁜 남자〉라는 불세출의 괴작을 만들어내고야 말았다.(이 곡 역시 미성과 코타가 참여했다.)

많은 사람들이 〈나쁜 남자〉를 듣는 순간 누군가를 떠올리게 될 것이다. 가사가 이렇다. "내가 다 해봐서 아는데 / 오빠 말이 많아 (…) / 남들의 시선 따윈 눈이 작아 안 보여요 (우리 오빠) / 남들의 의견 따윈 귀가 잘 안 들려요 (우리 오빠)." 물론, 그분을 직접적으로 '디스'하려는 목적은 아니었겠지만(설마, 그랬어?) 듣는 순간 가슴속으로 전해지는 '어떤 통쾌함'은 숨길 수가 없다.

위로가
필요하다

오랜만에 방을 정리하다 스무 살 무렵의 사진 몇 장을 발견했다. 사진 찍히는 걸 좋아하지도 않고 모아두는 편도 아니라서 20년 전 사진 속의 내가 낯설게만 보였다. 별로 변한 게 없다고 생각했는데, 자세히 보니 참 많이 변했다. 사진 속 모습보다 주름이 늘어난 것이야 말할 것도 없고, 표정도 참 많이 바뀌었다. 스무 살 때의 내가 얼마나 잘생겼는지 보여주고 싶은 마음 굴뚝같지만 아까운 지면을 사진으로 낭비할 수 없기에 말로만 설명하자면, (지금에 비해서 젊고 잘생겼지만 사진 속의 내 표정은) 참 우울하다. 분명히 웃고 있는 얼굴인데 뭔가 침울하고 울적한 기운이 사방에 안개처럼 피어 있는 게, 사진 속에다 말풍선을 달아본다면 '흥, 아무도 날 이해할 수 없을걸'쯤이 어울리지 않을까 싶다.

스무 살 때는 '이해'를 믿지 않았다. 누가 누군가를 이해했다는 말, 누군가 나를 이해한다는 말, 내가 누군가를 이해한 것 같다는 생각이 모두 거짓이라 생각했다. 모든 관계가 가식적으로 보였고, 사람들의 모든 웃음은 비웃음처럼 들렸고, 사람들이 드러내는 슬픔은 과도해 보였다. 그 시절엔 음악도 헤비메탈이나 우울한 포크록을 많이 들었던 것 같다. 헤비메탈 음악의 인기가 높기도 했지만 사람들과 나 사이에다 음악 벽을 만들기엔 그보다 좋은 음악이 없었다. 세상에 메탈리카의 《...And Justice for All》보다 더 좋은 벽을 어디서 찾겠나.

마흔이 넘은 지금도 이해를 믿지는 않는다. 누군가를 이해하려고 노력할 수는 있지만 이해할 수는 없다. 결론은 여전하다. '이해'라는 단어는 언젠가 완료될 수 있는 명사가 아니라 영원히 진행할 수밖에 없는 동사일지도 모른다는 생각을 하게 됐다. 우리는 이해하려고 노력할 수 있지만, 이해했다고 단정할 수는 없다.

여전히 결론은 마찬가지지만 바뀐 건 많다. 십 대의 나는 아무도 서로를 이해할 수 없다고 단정 지었지만, 사십 대의 나는 사람과 사람이 서로 이해하려는 과정에서 생겨나는 '위로'라는 단어를 새롭게 알게 됐다. 이해하지 못하지만 위로할 수는 있다.

사람이 사람에게 건넬 수 있는 가장 따뜻한 행동이 위로라고 생각한다. 위로는 죽으려는 한 사람을 살릴 수도 있고, 모든 것에 환멸을 느낀 한 사람의 마음을 바꿀 수도 있다. 우리는 누군가의 마음을 완전히 알지 못해도 위로할 수 있다. 나는 '위로'라는 단어가 마음에 든다. '위로'의 '로'는 애쓴다는 뜻이다.

이해를 믿지 않고 우울했던 스무 살의 청년이 소설가가 되었다는 건 생각해보면 참 신기한 일이다. 더 나빠질 수도 있었을 텐데, 더 우울해질 수도 있었을 텐데, 이제는 이렇게 다른 사람을 웃기는 글을 쓰려고 노력하고 인간의 마음과 관계를 묘사하는 소설가로 활동하고 있다. 다행이다.

나는 소설가가 될 수 없을 줄 알았다. (그래도 명색이 국어국문학과 출신이니) 문장이야 틀리지 않게 쓸 수 있지만, 인간에 대한 사랑도 얕고 관계에 대한 통찰력도 부족한 내가 제대로 된 소설로 누군가를 위로하는 작가가 될 수 있을까 하는 의문이 들었다. 지금도 그 의문은 여전하고, 좋은 소설가가 되려면 아직 멀었다는 생각이 들지만, 한편으론 세상에는 다양한 방식의 위로가 있으며 (예술이 위로를 위해 존재하는 건 아니지만) 다양한 위로를 위해 여러 명의 예술가가 필요하다는 것도 최근에야 알게 됐다.

방 안에서 누군가 울고 있다. 그에게는 위로가 필요하다. 어떤 예술가는 방 안으로 직접 들어가서 눈물을 닦아주고 그의 등을 토닥인다. 어떤 예술가는 방 안으로 들어가서 그의 이야기를 들어준다. 어떤 예술가는 방 안으로 들어가서 그에게 이야기를 들려준다. 어떤 예술가는 방 안으로 들어가서 아무 말 없이 가만히 앉아 체온을 느끼게 해준다. 어떤 예술가는 방 안으로 들어가지 않지만 바깥에서 이렇게 외친다. "놀자!" 나는 아직까지 방 안으로 들어갈 자신이 없어서, 그의 이야기를 들어주거나 등을 토닥여줄 자신이 없어서 밖에서 같이 놀자고 소리를 지르는 쪽이다. 언젠가 나도 방 안으로 들어갈 때가 있겠지만 아직은 밖에서 불러내는 쪽이 마음 편하다. 울고 있는 게 마음 아프지만, 바깥이 얼마나 재미있는지 보여주는 것만으로도 위로가 될 수 있다고 생각한다.

세상이 그렇게 즐겁기만 한 곳이 아니란 걸 안다. 세상이 무서운 곳이라는 진실을 알려주는 사람도 필요하고, 직접적인 위로가 필요한 사람도 많다. 하지만 모든 사람이 직접적인 위로를 하려고 한다면 아마 세상은 재미없게 변하고 말 것이다. 열심히 놀면서 '아, 세상은 이렇게 재미있는 곳이었지'라는 걸 깨닫게 해주는 예술가들이 더 많이 필요하다.

레코드 가게에서
CD를 사서 집으로 돌아오는 길에
이 CD플레이어로 음악을 들었다.
비닐을 뜯어내고 CD를 플레이어에 얹는다.
플레이어의 뚜껑을 닫고 재생 버튼을 누르면
CD가 회전하는 게 느껴졌다.
비행선이 이륙하듯 음악이 흘러나왔다.

인생은 짧고,
이 순간은 길다

책을 읽다 보면 샘이 날 때가 많다. 소설이 너무 재미나면 부러워서 샘이 나고(이런 소설을 써야 하는데 말이지!), 너무 재미없는 소설을 보면 이렇게 재미없는 소설을 끝까지 써낸 끈기와 용기에 샘이 나고(이건 아닌가?) 이래저래 샘이 많다. 그중에서도 참을 수 없는 샘이 솟구쳐 오르는 순간은 내가 쓰고 싶었던 책을 누군가 이미 썼다는 걸 알았을 때다. 게다가 너무 잘 쓴 책이라서 내가 다시 태어나도 그보다 잘 쓸 수 없다는 걸 깨닫고 나면 절망은 배가 된다. 소설가 닉 혼비가 쓴 『닉 혼비의 노래(들)』을 읽을 때 그랬다.(내가 다시 태어난 곳이 1960년대의 영국이라면 또 모를까, 이런 책은 정말 쓸 수 없다.)

닉 혼비의 글을 읽을 때마다 깜짝깜짝 놀란다. 너무 잘 써서 놀라는 것도 있지만 내가 쓴 글 같아서 놀랄 때도 많다. 쓰는 언어도 다르고 태어난 시기도 다르지만 비슷한 생각을 할 때가 많다. 이런 문장 다음에 저런 문장이 오면 좋을 것 같다고 생각하는 순간 그 문장이 실제로 종이에 펼쳐져 있고, 이런 음악 이야기가 나와서 '아, 이것 말고 그 음악도 좋은데' 생각하면 바로 그 음악이 등장한다. 뭐야, 내가 쓴 건가? 표지를 들춰보면 당연히 닉 혼비의 책이다.

『닉 혼비의 노래(들)』은 내가 쓰고 싶었던 스타일의 책이다. 이 책의 원제는 '31 Songs', 말 그대로 서른한 곡의 노래에 관한 글인데, 이런저런 쓸데없는 에피소드들을 엮어서 어찌나 구수하게 얘기를 잘 풀어내시는지 시간 가는 줄 모르고 읽게 된다. 닉 혼비는 취향도 나와 참 비슷하(다기보다 내가 영국 사람 취향인 건지도 모르겠)다. 리플레이스먼트와 폴 웨스터버그를 좋아하고, 에이미 만이 최고의 여성 싱어송라이터라 생각하지만, 솔왁스처럼 새로운 음악을 하는 팀도 인정해준다.

책에서 (미국의 작가이자 저널리스트인) 데이브 에거스의 흥미로운 생각을 읽었는데, 그 사람 말로는 "사람이 노래를 반복해서 재생하는 것은 그 노래를 '풀어야' 하기 때문"이라는 것이다.

그럴듯한 이야기다. 음악도, 사람도, 물건도 마찬가지 아닐까. 우리가 누군가를 사랑하기 시작하는 것은, 그 사람의 인격이나 정체성을 사랑하기 때문이 아니라(도대체 그걸 어떻게 알고 사랑해) 그 사람에게서 알 수 없는 묘한 흥미를 느꼈기 때문인지도 모른다. 알 수 없는 그 무엇을 풀기 위해(흠, 푼다니까 좀 야릇한 어감이 되어버렸지만) 반복해서 만나는 것인지도 모른다.

중학교 시절, 대학 시절, 그리고 이십 대 후반에 음악을 가장 열심히 들었는데, 그때는 정말 싸우는 심정으로 음악을 들었던 것 같다. 새로운 음악을 만나면 그걸 풀어내기 위해 밤새 음악을 들었고, 닥치는 대로 음악을 들었다. 시험문제 풀 듯 한 곡 한 곡을 열심히 들었고, 좋아하는 노래를 만나면 음반에다 작은 표시를 해두었다. 지금도 그 흔적이 남아 있다. 내가 가진 시디 케이스 뒤에는 작은 점들이 찍혀 있는데, 그건 좋아하는 노래를 표시해둔 거였다. 음반을 한 장 사게 되면 우선 좋아하는 노래를 가려낸 다음 그 노래 중심으로 음반을 들었는데, 이 무슨 근거 없고 허무맹랑한 자신감이었는지 모르겠다. 어떻게 음반을 한 번만 듣고 내가 좋아하는 노래를 알아낸다는 거지? 그때 들었던 음악들, 그때 찍었던 점들, 다 취소! 해야 하는 건가.

취향은 바뀌고, 입맛도 달라진다. 요즘 그때 들었던 음반을 다시 들어보곤 하는데, 당연히 점을 찍는 지점이 다르다. 오래전 책에 그었던 밑줄을 이해하기 힘들듯, 오래전 점을 찍었던 곡에서 흥미를 찾기 힘들다. 그건 이미 풀어버렸으니까, 이미 다 알게 됐으니까. 대신 전에는 지루하게 느꼈던 곡이 새롭게 들린다. 닐 영을 듣다가 뜻밖의 순간에 멈칫하게 되고, 한 번 듣고는 내팽개쳐두었던 로빈 히치콕을 다시 듣고 있다.

　이아립의 음반을 다시 들었는데, 예전과는 좋아하는 곡이 완전히 달라져 있었다. 스웨터 앨범 중에서 가장 많이 들었던 곡은 (한 천 번쯤 들었을까) 〈분실을 위한 향연〉이었는데, 다시 들어보니 〈아비〉라는 곡을 풀고 싶다. 나이가 들어서 그런 것일까. 아니면 다른 이유가 있는 것일까. 처음 들었을 때는 뭔가 어색한 곡이라고 생각했는데, 점점 그 노래가 좋아진다.

　요즘 내가 풀고 있는 노래는 이아립과 이호석의 밴드 '하와이'의 〈C'est la vie〉라는 곡이다. 이 곡 참 기묘하다. 들을 때마다 조금씩 다른 곳을 건드린다. 희한한 것은 이 노래를 듣고 있으면 이아립의 얼굴이 허공에 보인다는 거다. 목소리가 어찌나 시각적인지, 조금은 시니컬한 표정으로 씨익 웃으면서 이쪽을 바라보고 있는 이아립의 얼굴이 어른거린다. 이건 무슨 신기술이지? 홀로그램 목소리 기법 같은 것인가?

또 하나 기묘한 순간은 가사를 들을 때다. 원래 가사는 이렇다. "C'est la vie C'est la vie / 인생은 짧고 이 순간은 길다 / C'est la vie C'est la vie / 내일은 내일의 태양에게 맡기자." 그런데 이 가사를 들을 때마다 "내일은 내일의"를 자꾸만 "내 일은 내일 해"로 듣고 만다. 그래, 내 일은 내일 하자. 암, 내일도 또 해가 뜰 거고, 인생은 짧고 이 순간은 길고 기니까 지금을 즐겨야지, 암 그렇고말고, 이렇게 마음대로 생각해버리는 거다.(나만 그런가. 다른 분들도 그렇게 듣고 있지 않을까.) 그렇게 듣게 된 것은 아마도 이 음반의 낙천 때문일 것이다. 이름부터 '하와이'인 데다 〈C'est la vie〉나 〈놀자병〉 같은 노래 제목만 봐도 낙천이 듬뿍 느껴진다.

대학 시절에 좋아하던 노래와 지금 좋아하는 노래가 다른 게 아마 그런 이유 때문 아니었을까. 대학 시절에는 음악을 음악으로 대했고 음악의 앞모습만 보았다면, 이제는 앞모습보다 뒷모습 혹은 옆모습을 더 유심히 보게 됐고 음악 역시 사람이 하는 거라는 아주 평범한 사실을 깨닫게 됐다는 차이가 있다. 결국 음악을 듣는 것은 사람을 듣는 거로구나. 결국 책을 읽는 것은 사람을 읽는 것이고, 그림을 보는 것은 사람을 보는 것이구나. 한 10년쯤 지났을 때 〈C'est la vie〉는 어떤 노래로 바뀌어 있을까. 그때도 삶을 긍정하면서 '그래, 이게 인생이지' 즐거운 마음으로 이 노래를 들을 수 있을까. 그때는 이 노래를 다 풀고 난 다음일까. 소설가 스티븐 킹의 말 중에 내가 가장 좋아하는 말. "인생은 예술을 위해 존재하는 게 아니다. 오히려 그 반대다." 그래, 그게 인생이지.

쌈바를 느껴라

중학교 2학년 때 처음으로 기타를 잡았다, 라는 문장을 쓰고 보니 지금은 엄청나게 기타를 잘 치는 사람처럼 보일까 겁나서 미리 밝히자면, 그때나 지금이나 기타 실력은 매한가지다. 학원에 다닌 적도 없고 누군가에게 정식으로 배워본 적도 없으니 도통 늘지를 않는다. 『이정선 기타교실』의 타브 악보를 보면서 익힌 운지법과 스트로크로 25년 넘게 연명하고 있다.

기타를 잘 치고 싶은 마음 굴뚝같지만 그렇다고 공연장에 올라갈 만큼 잘 치고 싶은 생각은 없다. 그저 기타라는 악기가 좋고, 기타를 치고 있을 때의 기분이 좋고, 코드를 정확하게 짚었을 때 나는 화음이 좋을 뿐이다. 마음이 어지럽거나 화가 나는 일이 있으면 기타를 연주한다. 소리가 마음을 가라앉힌다. 손가락 끝에 집중하면서 연주하다 보면 잡생각이 사라지고 만다. 최근 기타와 관련한 이상한 증상이 하나 생겼다. 기타를 잡고 연주를 시작했다 하면 졸린 것이다. 다른 사람이 내는 기타 소리에 졸린 것이야 이해할 수 있지만 내가 내는 소리에 졸린 건 아무래도 납득이 되지 않는다. 고개를 흔들면서 졸음을 쫓아내보려고 하지만 손이 무겁고 고개가 무겁고 기타가 무겁다. 결국 30분도 못 돼서 기타를 놓고 만다. 아, 나무 그림을 그려서 새가 날아오게 만든다는 이야기는 익히 들어서 알고 있었지만 자기가 연주한 기타에 취해 잠이 들어버리는 악공이라니! 참으로 아름답구나.

 기타를 잘 치는 사람을 보면 조금 부럽긴 하다. 무엇보다 나 같은 아마추어의 연주보다 소리가 훨씬 아름답다. 기타로 태어났으면 노련한 연주가의 손에서 제 목소리를 한 번이라도 내보는 게 기쁘겠지. 나의 기타는, 뭐랄까. 음악 천재로 태어났지만 자신의 가능성을 10퍼센트도 알아봐주지 못하는 잘못된 스승을 만나 시골 오일장 불법 만병통치약 판매 도우미 가수를 하며 자신의 여생을 갉아먹는 비운의 가수 같달까. 그렇게 내 기타가 쓸쓸해 보일 때가 있다. 나름 비싼 기타인데…….

 ('집시앤피쉬 오케스트라', 이아립과의 듀엣 팀 '하와이'에서

활동했던) 이호석의 데뷔 앨범을 들으면서 기타 소리가 참 부러웠다. 그의 노래들에 등장하는 기타 소리들은 모두 신나고 편안하고 즐겁다. 이호석과 기타의 듀엣 팀이 아닐까 싶을 정도로 기타 소리는 살아서 숨을 쉬고 노래를 부르고 함께 호흡을 맞춘다. 노래들 역시 모두 평화롭고 즐겁고, 귀엽다. 듣고 있으면 나도 모르게 씨익 웃게 된다.

그의 데뷔 앨범에서 제일 마음에 들었던 노래는 〈시골길 쌈바〉인데, 이 곡을 들으면 이호석의 노래들이 얼마나 신나고 귀여운지 알 수 있다. "난 음악이 없었던 마을의 수줍은 한 소년"이라는 가사로 시작하는데(이 소년의 가슴 깊은 곳에 쌈바의 '쏘울'이 들어 있다는, 웃기는 내용의 가사다), 나 역시 음악이 없었던 집안의 수줍은 한 소년으로서 무척 공감이 가는 도입부였다. 수줍은 소년들에게 음악은 친구이자 애인이자 꿈이었으니까. 수줍은 소년들이여, 기타를 잡아라! 쌈바의 리듬에 맞춰 엉덩이를 흔들어라! "온 세상에 가득한 이 축제의 열기"를 느껴라!

기타 소리에도 성격이 있고, 표정이 있다는 걸 처음 느낀 것은 아마도 신윤철의 연주를 듣고 나서였던 것 같다. 신윤철의 기타는 살아 있는 생명체처럼 늘 말을 걸어왔다. 윤병주의 기타 소리도 무척 좋아했고, 함춘호와 이정선의 기타 소리도 흠모해왔다. 자신만의 소리를 갖는 건 얼마나 멋진 일일까. 자신만의 문장을 갖는 것과 비슷한 일일까? 아니, 그보단 더 엄청난 일일지도 모르겠다.

음퀴방에서 우리가 호명했던
뮤지션들의 이름

 시간이 지나면 이해하기 힘든 일이 있다. 당시에는 모든 게 너무나 당연했겠지만, 지금 생각하면 도무지 이해하기 힘든 일들이 있다. "글쎄, 옛날 옛적에는 모든 글을 원고지나 종이에다 썼다지 뭐야"라고 할 때가 언젠가는 올 테고, "예전에는 휴대전화에다 손가락으로 문자를 찍어야 메시지를 보낼 수 있었대. 믿거나 말거나지만 말야"라며 시큰둥하게 말하고는 '휘리릭' 홀로그램 입체 영상 메시지를 발송하는 때가 언젠가는 오지 않을까? 나는 도무지 미래를 상상하기 힘들다.
 '모뎀'이라는 걸 사용하여 'PC통신'이라는 걸 했던 때가 수백 년 지난 것 같고(그럼 지금 내 나이는 몇 살?), 가끔은 전생의 일처럼 느껴지기도 하는데, 이제 겨우 20년쯤—20년이면 많은 세월이 흐른 건가?— 지났을 뿐이다. 무슨 레지스탕스라도 된 것처럼 부모님이 전화를 사용하지 않는 야간 시간을 이용, 컴퓨터에 접속한 다음(한밤중에 통화하려고 전화기를 들었던 부모님은 뚜, 뚜우 하는 신호를 들으면서 아들이 스파이가 아닌가 의심했을지도 모르지) 국가의 존폐가 달린 절체절명의 순간이기라도 한 것처럼 심각한 얼굴로 '음퀴방'으로 달려가 음악 퀴즈를 풀었다. 소닉 유스의 세 번째 앨범이 《EVOL》이면 어떻고 《Made in USA》면 어떻다고—이러면서 또 퀴즈 낸다—, 틴에이지 팬클럽의 세 번째 앨범 《Bandwagonesque》의 세 번째 트랙 제목이 '10월'이면 어떻고 '11월'이면 어떻다고(여기서 또 퀴즈, 뭐게요?), 죽기 살기로 퀴즈를 맞히려고 했을까 싶다. 그때 그 세계 속에서 퀴즈 한 문제 한 문제는 음악을 사랑하는 사람들의 자존심 같은 것이었겠지.

  모두들 각자 좋아하는 음악을 들으면서 '음퀴방'이라는 가상의 공간에 모여 음악 이야기를 주고받던 시절이 있었다. 퀴즈 사이사이에 음악에 대한 잡담이 이어졌고, 나는 어떤 그룹이 좋은데 너는 누가 좋으니, 라고 물으며 시간을 보내던 시절이 있었다. 어, 너도 그 그룹 좋아해? 어떤 앨범 좋아하는데? 라며 심층 질문을 하며 시간을 보내던 시절이 있었다. 그렇게 시간을 보냈다는 게 도무지 믿어지질 않는다. 과거를 미화하는 건 내 스타일이 아니지만 그 시절에는 음악을 참 열심히 들었고, 감동도 참 잘 받았고, 추천도 많이 했고, 추천도 많이 받았다. 음악이 공기처럼 주변에서 늘 맴돌던 시기였다.

그 시절 서로 음퀴를 내고 합을 겨루면서 친해진 친구들이 몇 있다. 지금 생각하면 참 유치하지만, 그룹 이름과 노래 이름을 많이 안다는 이유만으로 "어머, 너도 고수구나"를 외치며 친해진 친구들이다. 20년 전 얘기다. 나에게 존 스펜서라는 불세출의 사이코를 알려준 친구는 지금 봄비노 레코드bombinorecords.cafe24.com라는 정체불명의 음반몰을 운영하고 있으며 소닉 유스의 앨범《Goo》를 아이디로 쓰던 친구는 요즘 뭐 하는지 모르겠고, 일본 그룹들에 대해 함께 떠들던 친구는 영화감독(《죽이고 싶은》을 만든 조원희 씨)이 됐다. 그 시절의 친구들을 생각하면 얼굴이 떠오르는 게 아니라 커서가 깜박이는 텅 빈 화면과 그들이 좋아하던 음악이 떠오른다. 마치 음악이 살아 있는 생명체인 것처럼 느껴진다.

돌이켜보면 그 시절의 나는 '1인칭의 세계'에 푹 빠져 있었다. 세계의 중심에 내가 있었고, 무엇보다 '나'가 중요했다. 내가 바라보는 세상, 내가 느끼는 감정, 내가 향하는 길이 중요했다. 지금은 조금 바뀌었다. 요즘의 내 세계는 '3인칭의 세계'다. '나'라는 사람에 대해 조금은 무덤덤해졌고, '나'라는 사람을 객관적으로 바라보려고 노력한다. 1인칭의 장점이 있고, 3인칭의 장점이 있다. 1인칭의 세계는 열정적이지만 배려가 부족하고, 3인칭의 세계는 공정하지만 솔직함이 부족하다. 1인칭과 3인칭을 넘나드는 사람이 되면 좋겠다, 고 생각했다.

 W Where the Story Ends 와 W & Whale더블유 앤 웨일의 음악을 모두 좋아할 수 있는 게 그런 이유 때문이 아닐까 싶었다. 내게 W의 음악은 1인칭의 세계였다. 섬세하고 감성적이고 상처받기 쉬운 음악이었다. 내 두 팔을 벌려 둥근 원을 그렸을 때의 세계, 작지만 견고하고 열정적인 세계를 그린 노래들이었다. 나는 그 노래들이 내 이야기 같아서 사랑스러웠다.

 W가 W & Whale로 변하면서 3인칭의 음악이 되었다(고 나는 생각한다). 웨일이라는 매력적인 목소리의 보컬 때문이기도 하겠지만 W & Whale의 음악이 흘러나오는 순간 연주를 하는 세 명의 남자는 모두 사라져 음악으로 변신한다. 변신 합체 로봇처럼 각자 자신만의 소리로 변신하여 웨일의 뒤에서 혹은 앞에서, 옆에서 화음을 넣다가 어느 순간 모두 합쳐 음악이 된다.(지난 앨범 활동 때 모두 더미 마스크를 쓰고 나온 것도 혹시 이런 이유?) 〈월광〉이

라는 노래를 듣는 내내, 나는 웨일과 어떤 '생명체로서의 음악'이 소리를 주고받으며 듀엣을 하는 장면을 떠올렸다. 무심하고 건조해 보이지만 음악은 계속 스토리를 만들어냈고, 그 음악은 분명 3인칭이었다.

 W & Whale의 리더 배영준 씨를 만난 적이 있는데, 나와 비슷한 나이였기 때문인지(저보다는 몇 살 위십니다만, 하하), 나는 PC 통신을 하던 시절의 내가 된 것 같았다. 조금은 어색하게 물었다. "요즘은 어떤 노래 들으세요?" "요새 뮤트 매스Mute Math 아주 좋던데요.. 김 작가님은 어떤 노래 들으세요?" "저는 힙합 열심히 듣다가 요샌 데미안 주라도Damien Jurado가 그렇게 좋더라고요." 나는 속으로 뮤트 매스라는 이름을 외웠고, 배영준 씨는 휴대전화 메모 창에다 데미안 주라도의 이름을 적었다. 이름 두 개 교환했을 뿐인데, 거대한 두 개의 세계를 교환한 것 같은 기분이 들었다.

 정현종의 시 「방문객」에는 이런 구절이 있다. "사람이 온다는 건 / 실은 어마어마한 일이다 / 그는 / 그의 과거와 / 현재와 / 그리고 / 그의 미래와 함께 오기 때문이다 / 한 사람의 일생이 오기 때문이다." 뮤지션의 이름을 서로 교환하는 것도 그런 일인지 모른다. 아티스트를 소개하는 건, 그의 이름을 교환하는 건 실은 어마어마한 일인지 모른다. 그의 모든 앨범과 그의 멜로디와 리듬과 그가 영향 받은 뮤지션과 영향을 준 뮤지션의 이름을 함께 호명하는 것이고, 나의 취향과 내가 추구하는 세계관을 알려주는 것인지도 모른다. 그러니까 친구들과 나는 PC통신 속에서 어마어마한 일을 해왔던 것이다.(우리가 알고 보니 레지스탕스보다 더 어마어마한 사람들이었네!) 음퀴방에서 우리가 호명했던 뮤지션의 이름들, 노래들이 우리를 더 큰 세계로 이끌었던 것이다. 나는 W & Whale의 음악을 들으면서 오래전 PC통신 시절의 두근거림을 다시 느꼈다. 한 사람이 진심으로 음악을 만들고, 한 사람이 온 힘을 다해 그 음악을 들었던 시절을 떠올렸다.

W는 W & Jas라는 그룹으로 새롭게 출발했다. 그들의 첫 번째 앨범 《New Kid in Town》은 역시 좋다. W & Whale 때보다 음악의 균형감이 더 좋아진 느낌이다. 그리고, 음, 이 앨범에는 문제의 노래 〈Green〉이 들어 있다. 〈Green〉에는 뮤지션 루시드 폴과 소설가 김중혁(흠, 흠)의 문장이 인용되어 있고, 가사 속에 '김중혁'이라는 이름도 들어 있다. 민망하지만 기쁘기도 하고, 부끄럽기도 하다. 기분이 묘했다.

방방곡곡,
잔치 열렸네

몇 년 만에 노래방에 가서 특유의 공기를 마시고 왔다. 거긴 참으로 묘한 곳이다. 노래방에 처음 갔던 때가 생각난다. 방방곡곡房房曲曲, 닫힌 방문 틈에서 흘러나온 노랫소리가 복도를 가득 메우고 있었다. 세상에 이런 별천지가! 천국이 아마 이런 분위기 일까.(노래 부르기 싫어하는 사람에겐 지옥이겠지?) 노래방에 가서는 내가 노래 부르는 재미도 좋지만 남의 노래 듣는 즐거움이 크다. 사람들이 어떤 노래를 선곡하는지, 그 노래를 어떻게 부르는지 보고 있는 게 재미있다. 노래방에서의 선곡은 현재 분위기를 간파하는 '눈치', 자신의 매력을 펼쳐 보이는 '전략', 함께 온 사람들과의 관계를 아우르는 '조화', 이렇게 세 가지가 필요한데 이

건 〈나는 가수다〉의 선곡보다도 힘든 일이다. 적절한 타이밍에서 분위기를 후끈 달아오르게 만드는 '명가수'를 보고 있으면 내 마음이 다 흐뭇하다.

나로 말할 것 같으면 노래방에 가서 괜히 최신곡 연습하는 얼리어댑터이자 간주가 듣기 싫어서 1절만 부르고 노래를 끄는 근검절약형 인간이며, 노래방 가기 싫다고 하다가 막상 가면 이 곡 저 곡 기웃거려보는 마이크 탐욕주의자인데(이런 사람 참 밉상이에요, 그쵸?), 딱 하나 장점은 다른 사람의 노래를 열심히 듣는다는 거다. 노래방에서 전혀 몰랐던 노래를 듣고는 감동한 적도 많았다. 얼마 전 노래방에 함께 갔던 사람이 〈울트라맨이야〉를 아주 멋지게 부르는 바람에 새삼스럽게 서태지를 듣고 있다. 정말 좋아하는 노래를 부를 때는 누구든 혼신의 힘을 다하게 마련이고, 그런 노래를 듣고 있노라면 가사 한 구절, 멜로디 한 소절이 마음을 움직이게 마련이다. 공연 보러 가는 심정으로 노래방에 다녔다.

최근 들어서는 일 년에 한 번 노래방에 갈까 말까 한 사람이지만 가끔 음악을 듣다가 노래방에서 꼭 불러보고 싶은 노래를 발견할 때가 있다. 노래 실력을 뽐내고 싶은 건 아니고 노래방에서 그 노래를 부르면 어떤 분위기가 될지 궁금해서 그렇다. 얼마 전

윈디시티의 〈잔치레게〉를 듣는데(아, 나는 왜 노래를 들으면서 자꾸만 잔치국수가 먹고 싶은 걸까), 이 노래를 꼭 노래방에서 불러보고 싶어졌다. 장단 맞추기 좋은 레게 비트인 데다 (어떤 면에서는) 가사도 코믹하고 멜로디도 단순해서 남녀노소 모두 함께 어울려 놀기에 좋지 않을까 싶다. (윈디시티의 리더) 김반장의 소울풀하고 까끌까끌한 목소리를 따라 하는 게 쉽지 않겠지만, 언젠가 한 번쯤 도전해보고 싶은 곡이다.
"잔치가 났네 잔치가 나 / 오늘 밤 여기에 잔치가 나 / (목에 힘주고) 얼싸, 잔치 잔치 열렸네 / 신나게 홍 나게 뛰어노세." 오, 제법 분위기 띄울 수 있을 것 같다.

참으로 이상한 일은, 노래방에 가면 노래 제목이 하나도 기억이 나지 않는다는 점이다. 다른 사람들이 노래를 부르고 있을 때 책자를 열심히 뒤져보는데, 아니, 도대체, 거기서 노래를 고르는 사람들이 몹시 신기할 정도다. 한때는 그런 의심을 품은 적도 있다. 사람들은 노래방에 오기 전, 어떤 노래를 부를지 미리 결정하고 오는 게 아닐까. 노래방에서 부르면 좋을 만한 곡 100곡을 선정한 다음 한 번씩 불러보고 자신에게 가장 잘 어울리는 노래 스무 곡 정도를 골라오는 것은 아닐까. 다

결정해둔 채 형식적으로 책자를 보는 척하고는 곧장 자신의 노래를 등록하는 게 아닐까.

나처럼 만날 부르는 노래를 다시 부르는 경우도 많은 것 같다. 시간에 쫓기다 보면 생각이 둔해지고 결정력이 없어진다. 그러면 습관이 튀어나온다. 급박한 순간에, 내가 노래방에서 부르는 곡들은 DJ DOC의 〈Street Life〉, 이현우의 〈가〉, 이오공감의 〈한사람을 위한 마음〉, 듀스의 〈나를 돌아봐〉 같은 곡들인데, 쭉 써놓고 보니 이것 참 나이는 속일 수 없구나 싶다. 나이를 드러내지 않으려면 가급적 노래방 가는 건 삼가는 편이 좋을 것 같다.

이런 삐삐삐삐한 삐삐삐삐삐삐 같은
삐삐삐들아

선입관을 갖지 않으려고 노력하는 편이다. 하지만 때로는 얼굴도 보지 않고 선입관을 갖는 경우도 있다. 내가 어쩌다가 이런 실례를 하게 됐는지 모르겠지만, 래퍼를 만나기 전에 선입관을 갖고 말았다. 래퍼에 대한 선입관은 아마 〈8마일〉 같은 영화나 여러 가지 폭력 사건에 연루된 래퍼들 때문이었을 텐데, 내 상상 속의 그들은 철근을 잘근잘근 씹어 먹을 기세로 폭주하는 엄청나게 거친 사람들, 입속에 가득 들어찬 단어와 문장과 (특히) 욕을, 메시가 축구공 다루듯 자유자재로 구사하는 사람들이었다.

공연 때문에 랍티미스트를 만나러 가는 길, 내 머릿속에는 한번 시작되어 도저히 멈출 수 없게 되어버린 수많은 상상들이 날

뛰고 있었다. 일단 만나면 욕 한두 마디 뱉는 걸로 인사를 대신 하고, 대화 중간중간에는 '디스'가 듬뿍 담긴 말씀도 해주시다가, 갑자기 벌떡 일어나서는 "이런 젠장, 이런 거 난 못해, yo"라면서 나가버리는(도대체 뭘 상상하는 거니?) 장면이 자꾸만 떠올랐는데, 카페에 도착했더니 아직 래퍼들이 오지 않은 관계로 불안한 마음을 다잡으며(벌써 열 받아서 가버린 거 아냐?) 어찌 된 일인지 물어보았다.

"예비군 훈련 때문에 좀 늦는대요."

예비군 훈련? 아, 래퍼들도 예비군 훈련을 받는구나. 당연한 일인데 낯설기만 했다. 주인공 랍티미스트와 함께 만나기로 한 뮤지션 D.C.(이 친구, 노래가 정말 예술이다!)가 예비군 훈련을 받고 온다는 거였다. 예비군 훈련을 받아봐서 알지만, 거긴 자유로운 영혼들이 갈 만한 곳이 아니다. 하긴, 예비군 훈련을 받는다는 건 군대를 다녀왔다는 건데, 래퍼들도 군대에 가긴 가야겠지. 나의 선입관과 한국의 현실이 충돌하면서(래퍼들이 인사계나 주임상사에게 욕을 섞어 인사하고, 소대장에게 디스하는 군대 장면은 도저히 상상 못하겠다) 모든 게 뒤죽박죽이 되고 말았다. 자리에 나온 랍티미스트와 D.C.는 어찌나 준수한 청년들이던지 이상한 상상으로 반나절을 보낸 나 자신이 부끄럽기까지 했다. 모든 래퍼님들께 다시 한 번 심심한 사과를.

공연 직전에 예비군 훈련이 또다시 화제에 올랐다. 공연 다음 날 래퍼 라임어택(이 친구, 랩이 정말 예술이다!)이 예비군 훈련을 받는다는 거였는데, D.C.와 라임어택의 대화가 아주 들을 만했다. 실제 대화는 훨씬 리드미컬했지만 그걸 옮길 재주가 없는 관계로 평범하게 옮기자면 아래와 같다.

"야, 나는 군대에서 총 되게 잘 쐈어."

"나는 타깃이 보이지도 않더라."

"다른 애들은 사격 끝나고 나면 귀가 멍멍하다는데, 난 총 쏠 때 귀가 하나도 안 아프더라고. 어릴 때부터 하도 음악을 크게 들어서 귀가 잘 안 들려. 하하, 총소리쯤이야 끄떡없지."

"나도 그래. 헤드폰 쓰면 한쪽 귀 잘 안 들려."

듣고 있으니 웃음이 나면서도, 나름의 직업병(이라면 직업병)을 앓고 있는 젊은이들에 마음이 짠해지기도 했다.

랍티미스트를 처음 알게 된 것은 드렁큰 타이거의 여덟 번째 앨범 《Feel gHood Muzik : The 8th Wonder》를 통해서였다. 이 앨범에는 좋은 곡들이 많지만, 내가 앨범의 백미로 꼽는 부분은 랍티미스트의 〈Skit(음악에 미친 Loptimist는 오늘도 밤을 새워)〉과, 이어서 나오는 〈True Romance〉다. 〈Skit〉에는 랍티미스트와 랍티미스트의 어머니가 등장하는데, 그 대화가 눈물겹다. 대략적인 내용은 이렇다.

"혁기(랍티미스트의 본명)야, 지금 몇 시니. 새벽 3시야. 만날 밤낮이 이렇게 바뀌어가지고······."
"냅둬, 내가 알아서 할 거야. 내가 알아서 한다고. 지금 이거 하는 거 다 생각하고 준비하는 거야."
"엄마는 답답하지. 동생은 취직한다고 자격증도 따고 얼마나 바쁘게 움직이는데, 어떡할 거니. 엄마 친구들한테 할 말이 없어."
"엄마, 드렁큰 타이거 알지? 드렁큰 타이거가 나한테 연락했어."
"드렁큰 타이거가 너한테 왜 연락을 해. 널 뭘 보고?"
"들어봐."

들어보라는 랍티미스트의 목소리에 이어서 〈True Romance〉의 플루트 소리가 흘러나오는 순간, 나는 그만 눈물을 찔끔 흘리고 말았다. 랍티미스트와 이야기를 하던 중 그 부분에서 울고 말았다고 고백했더니 "형, 진짜요?"라며 신기하다는 듯한 표정을 지었다. 이상한 일인가? 난 그 대목을 들을 때마다 마음이 시큰거린다. 아마도 내 얘기 같아서 그랬을 거다. 내 얘기일 뿐 아니라 새벽 3시에 방구석에 틀어박혀 뭔가를 만들어내는 모든 젊은 이들의 이야기이고, 자격증 딸 생각은 전혀 하지 않고 전혀 다른 방식으로 자신을 증명해 보이려는 비생산적인 수많은 젊은이들의 이야기다. 다들 바쁘게 움직이는데 귀가 상할 정도로 커다란 소리로 음악이나 들으며 시간을 보내는 사람들의 이야기다. 그 사람들이 보낸 외로운 시간들이 떠올라 마음이 시큰거리는 거다.

〈Skit〉에 등장하는 랍티미스트 어머니의 목소리는 본인의 것이 맞지만 실제 상황이 아니라 연출된 것이라고 하니(게다가 음악 하는 걸 좋아하신다고 하니) 다행스러운 일이긴 한데, 사실 주위에 저런 말을 하는 사람은 널리고 널렸다. 나 역시 어렸을 때 저런 얘기 많이 들었다. 아버지에게 가장 많이 들었던 얘기가 바로 "쓸데없는 생각 좀 그만하라"라는 거였는데, 쓸데없는 생각의 결정체인 소설을 쓰며 살고 있으니 나름 반전의 인생을 살고 있는 게 아닌가 싶다. 나는 〈Skit〉 속 가상의 랍티미스트 어머니께 이런 말씀을 드리고 싶다. "어머니, 동생이 좋은 자격증으로 취직해서 열심히 회사에 다니다가 갑자기 힘들 때, 인생이 고달플 때 아마 형의 음악에서 위안을 얻고 살아갈 힘을 얻게 될 겁니다. 그러니, 그냥 냅둬주세요. 그리고 들어봐주세요."

랍티미스트의 세 번째 앨범 《Lilac》의 〈나를 불러본다〉에는 이런 노랫말이 나온다. "흐트러진 내 방 한구석에 / 숨어 있는 내 청춘 / 술에 취해 떠들었던 / 나의 꿈이여 어디에 / 행복한 웃음을 띄는 사람들의 어깨를 / 비켜가면서 조용히 걷는 나 / 그들 곁에 속할 자격이 없는 난 / 그 근처에서 아주 잠시 머문다 / 나 정말 멋있는 사람이야 왜 / 아무도 날 못 알아봐주는 거야 왜." 모든 이십 대의 목소리가 아닐까 싶고, 많은 사람들에게 들려주고 싶은 노래인데 젠장, '19금' 딱지가 붙어 있다. 노랫말에 '술'이 들어가서 그런가 보다. 욕이 절로 나온다. 이런 삐삐삐삐한 삐삐삐삐삐삐 같은 삐삐삐들아.

CD에는 10곡 남짓이 들어가지만
MP3 CD에는 수백 곡을 넣을 수 있다.
MP3 CD 한 장과 플레이어만 있으면
어디서든 다양한 음악을 들을 수 있다는 사실이
나를 흥분시켰다.
이때 처음 알게 됐다.
너무 많은 노래들에는
너무 많은 기회에는
너무 다양한 선택에는 절박함이 없다.
처음으로 음악이 시시하게 들렸다.

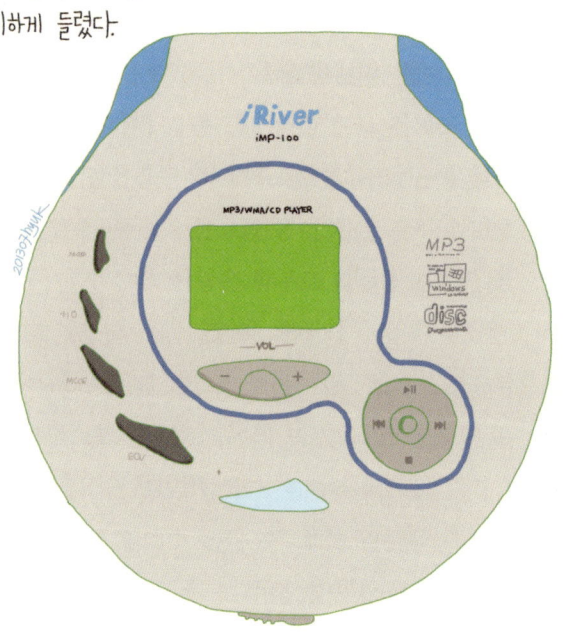

feat. 거대한 노을과 라디오

피처링featuring 소설이란 걸 쓰려고 한 적이 있었다. 두 번째 소설집을 낸 2008년 즈음이었는데, 뭔가 새로운 걸 해보고 싶어서 온몸을 배배 꼬던 시절이었다. 설탕을 잔뜩 묻힌 굵직한 꽈배기를 생각하면 그게 딱 나였다. 피처링 소설이란, 힙합곡을 만들 때처럼 내가 소설의 주요 부분을 다 쓰고 동료 작가들에게 부분적인 참여를 부탁하는 것이다. 생각만 해도 재미날 것 같았다. 웃긴 대사에 일가견이 있는 작가에게 몇 개의 대화를 부탁한다든지, 잔인한 묘사를 잘하는 작가에게 사람 죽이는 장면을 부탁한다든지, 옷차림을 상세히 묘사하기로 유명한 작가에게 등장인물의 모든 패션을 부탁한다든지⋯⋯. 할 수 있는 게 얼마나 많을까. 소설

속 피처링 부분을 알아맞히는 것도 재미난 놀이가 되지 않을까. 실제로 몇몇 작가들에게 피처링 소설을 설명했더니 (불가능한 프로젝트란 걸 눈치챘기 때문인지) 흔쾌히 수락을 해주었다.

  소설을 빨리 써야 한다는 게 함정이었다. 나의 경우 단편소설은 대체로 청탁이 있어야 쓴다. 피처링 소설을 완성하려면 마감보다 일찍 소설을 끝낸 다음 피처링 부분을 동료 작가에게 부탁해야 하는데, 마감 날짜를 수시로 어기는 나에게는 불가능한 일이었다. 언제부터인가 피처링 소설이란 이름을 잊어버렸다. 마감하기도 급했다. 그때 흔쾌히 피처링을 약속했던 작가들이여, 기다리고 있어라. 내 한가해지면 반드시 피처링을 부탁하러 찾아가겠다. '그런 약속 한 적 없다, 그때와는 사정이 다르다, 곤란하다' 이러기만 해봐.

  누군가 나에게 피처링을 부탁하는 순간을 그려볼 때도 있다. 누군가 나를 찾는다면 어떤 이유일까. 나다운 게 뭘까, 내가 잘하는 게 뭘까. 김중혁만의 스타일이라는 게 있을까. 결국 예술이란 자신만의 스타일을 찾아나가는 것이고, 사람들이 탐낼 만한 고유성을 획득하는 것인지도 모르겠다. 혹시 몰라서 하는 말인데, "저는 상황에 어울리지 않는 뜬금없는 대사를 무척 잘 쓰는 작가입니다. 필요하면 연락해주세요."

윤종신의 《월간 윤종신》을 보면서 (방식과 스케일이 전혀 다르지만) 그때의 피처링 소설이 생각났다. 나처럼 머릿속으로 생각만 하는 사람이 있는가 하면, 온몸으로 부딪쳐서 실현하는 사람도 있다. 매달 새로운 뮤지션과 함께 새로운 곡을 탄생시키는 윤종신을 볼 때마다 탄성이 절로 나온다. 매번 장르도 다르고, 곡들의 완성도도 뛰어나다. 하림과 함께한(이번에는 피처링이라고 쓰지 않고 'with'라고 썼다) 2012년 8월의 《월간 윤종신》〈자유로 Sunset〉도 좋았다.

라디오를 들으면서 자유로를 달리다 보면 문득 거대한 노을과 맞닥뜨릴 때가 있다. 그 풍경은 뭉클하기도 하고 숙연하기도 했다. 해가 지는 것일 뿐인데 왜 그럴까. 누군가 그립기도 했고, 아무도 그립지 않기도 했다. 그 순간의 감정들이 노래 한 곡으로 되살아났다. 차를 없앤 걸 후회하진 않지만, 〈배철수의 음악캠프〉를 들으면서 일산 방면으로 자유로를 타고 달리다 해 질 녘 노을을 만나던 순간은 가끔 그립다. 〈자유로 Sunset〉이 흘러나온다면 더 좋겠지.

비명은
현실을 마비시킨다

　요즘 어떤 이유로 밀란 쿤데라의 『참을 수 없는 존재의 가벼움』(이하 『참없존가』)을 다시 읽고 있는데, 세상에, 이 소설이 이렇게 야한 소설이었나 새삼 놀라고 있다. 보호색을 내뿜는 숲 속의 짐승들처럼, 철학적인 문장 사이사이에 '야릇하고 므훗한' 문장들이 빼곡하게 숨어 있다. 이 소설을 처음 읽었던 것은 1992년이었고 그 시절 나는 철원의 한 부대에서 군인으로 활약하고 있었는데, 이런 소설을 읽게 내버려둔 부대장의 안일한 관리 체계에 깊은 우려를 표하는 바다. 책의 속표지에는 의젓하고 번듯하게 포대장이 확인 사인을—지금도 그러는지 모르겠는데, 그때는 부대로 반입되는 모든 책에 부대장의 사인을 받아야 했고, 나는 포병이었으므로 포대장이 사인을— 해두었는데, 분명 『참없존가』가 얼마나 군의 전투력을 저하시키는 책인지 몰랐을 것이다. 나로 말할 것 같으면 전투력 자체가 없었던 군인이었으니 책을 읽으나 읽지 않으나 별다른 상관은 없었겠지만.

 군대에서 이 책을 서너 번 읽었던 것 같은데, 내용이 기억나지 않는다는 게 참 신기하다. 책을 읽으면서 어떤 생각을 했는지도 잘 기억나지 않는다. 『참없존가』를 어찌나 좋아했던지 보초를 서러 갈 때도 가슴에 책을 품고 갔었다. (전방도 아닌 데다) 워낙 외진 탄약고 초소여서 구경 올 사람도 없었고 노크를 할 사람도 없었다. 좁은 초소 안에서 플래시 불빛이 새어나가지 않게 조심하면서 책을 읽었다. 책을 읽으면 시간이 금방 지나갔다. 이곳이 어디인지 잠깐 잊을 수 있었다. 다시 들여다보니 어째서 시간이 그토록 빨리 지나갔는지 알 것 같다. "두 사람은 정사를 했다. 그녀는 오로지 자신의 비명 소리만 들릴 뿐 아무것도 보이지 않는 안개 속으로 미끄러져 들어갔다" 같은 문장을 읽으면서 스물두 살의 남자는 무슨 생각을 하고 있었을까. 조용하고 조용한 철원의 숲 속에서, 산짐승들이 마른 숲을 지나가는 소리만 가끔 들리던 산속에서 그 남자는 어떤 소리를 들었을까. 지금도 그 시절을 생각하면 모든 소리가 사라지고 귀가 먹먹해지는 기분이다.

소설에는 뒤이어 이런 문장이 나온다. "테레자의 비명은 감각을 마비시켜 보고 듣는 것을 차단하려 드는 것 같았다." 나 역시 테레자의 비명을 들으며 현실감각을 마비시키려 했던 것 같다.

어쩌면 그때부터 소리에 예민해진 것인지도 모르겠다. 바깥으로 나 있는 귀는 외부의 소리를 확인하기 위해 쫑긋 세우고, 내부에 있는 또 다른 귀는 주인공 테레자의 신음 소리를 듣기 위해 쫑긋 세우고 책을 읽었으니 이때부터 '멀티 히어링'이 가능해지지 않았나 싶다. 얼마 전에는 가인의 노래 〈팅커벨〉이라는 곡을 듣다가 숨소리가 어찌나 섹시하던지 듣는 내내 숨죽이고 소리에 집중했다. 가인의 숨소리에도 현실감각을 마비시키는 힘이 있었다. 〈팅커벨〉에는 수많은 소리의 레이어들이 콜라주되어 있었고, 가인의 숨소리 역시 사람의 소리가 아니라 악기의 소리 같았다. 섹시하고 아름답다.

용산 전자상가에서
며칠 동안 얼마나 많은 음악을
들었는지 모른다.
듣고 또 들었다.
결국 선택한 CD플레이어가
Creek의 제품이었다.
이 기계만 보면
용산의 풍경이 떠오른다.
며칠 동안 들었던 건
음악이 아니라 소리였는지도 모른다.
음악과 소리의 차이는
여전히 생각 중이다.

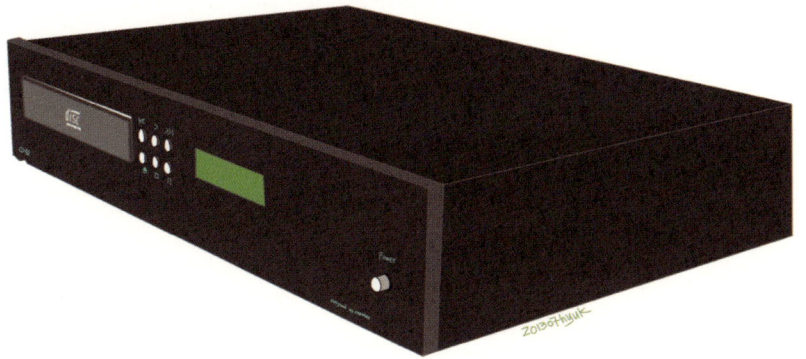

아직
만들어지지 않은 노래들

1회와 2회는 봤다. 3회부터는 도저히 못 보겠더라. MBC의 서바이벌 프로그램 〈나는 가수다〉 얘기다. "될성부른 나무는 떡잎부터 알아본다"(보다는 "세 살 재미 여든까지 간다"라는 속담이 더 맞으려나)는 게 텔레비전 프로그램을 대하는 나의 자세여서 어지간히 관심이 가는 드라마나 버라이어티 프로그램이라면 4회까지는 꾸준히 지켜보는 편인데, 이건 도저히 그러지 못하겠더라. 좋고 싫고의 문제가 아니라 보는 내내 불편했다. 바늘방석에 앉은 것처럼 어쩔 줄을 모르겠고, 어린 시절 부모님과 함께 텔레비전을 보다가 민망한 화면을 목격했을 때처럼 눈 둘 곳을 모르겠더라. 왜 그럴까 곰곰이 생각해봤다. 정말 노래 잘 부르는 가수들인데, 모두 좋은 노래들인데, 내가 좋아하는 개그맨들이 매니저를 해주고 있는데, 도대체 왜 이렇게 보기가 힘든 걸까.

그게 다 내 얘기 같아서 그런 거였다. 나는 가수가 아니지만 가수와 비슷하다면 비슷할 수 있는 예술 하는 사람으로서, 평가를 기다리며 초조해하고, 탈락을 예감하며 근심하는 얼굴을 마음 편히 보고 있을 수만은 없었던 거였다. 〈나는 가수다〉가 화제의 중심이 된 후에 프로그램을 보려고 여러 번 "도전!" 해보았지만 번번이 실패하고 말았다. 텔레비전을 틀 때마다 누군가 눈물을 흘리고 있거나 눈물을 흘리기 직전의 상태에서 노래를 부르고 있었다. 사람들은 이런 팽팽한 긴장감 같은 걸 즐기는 것인가?(이런, 잔인한 사람들 같으니라고.)

〈나는 가수다〉가 워낙 인기 있다 보니 이런 질문을 받을 때가 종종 있었다. "김중혁 작가님은 혹시 〈나는 소설가다〉라는 프로그램이 만들어져서 섭외를 받게 되면 응할 생각이 있으신가요?" 당대 최고의 작가 일곱 명 중에 들 가능성은 전혀 없으니 걱정할 필요가 없겠지만, 그래도 만에 하나 문학적 취향이 남다른 피디의 안목 때문에 섭외를 받게 되면 심정이 어떨까. 응할 수 있을까? 상상이 시작됐다. (전략) 오랜만에 만난 작가 일곱 명은 한자리에 모여 담소를 나누다가 갑자기 미션을 받게 되는데, (짜잔)

미션의 내용은 다름 아닌 세계 명작 소설을 자신만의 색깔로 다시 쓰기. 아뿔싸, 복불복 시스템으로 김중혁 작가에게 당첨된 작품은 도스토옙스키의 『죄와 벌』. 이걸 다시 쓰라고? 통째로? 읽는 것도 벅찬 『죄와 벌』을 다시 쓰기 위해 일주일 밤을 꼬박 새운 김중혁 작가는 청중 평가단 앞에서 소설을 읽어내려가다가 그만 기절을 하고 마는데, 털썩……. (후략) 생각만 해도 아찔하다. 피디님, 죄송하지만 저는 다음 기회에.

 모든 작가는 각각 하나의 완결된 세계다. 생각과 문체와 문장으로 자신만의 세계를 구축한 사람들이다. 그 세계를 좋아하거나 싫어할 수 있지만 그 세계에다 등수를 매기는 것은 불가능하다. 세상에는 수많은 작가들이 있다. 수많은 작가들이 있다는 것은 그만큼의 작가가 필요하다는 것이다. 그만큼의 세계가 필요하다는 것이다. 소설이 그저 이야기일 뿐이라면, 그래서 누군가 밤새 들려주기만 하면 되는 거라면 세상에는 단 한 명의 작가로 충분할 것이다. 도스토옙스키와 레이먼드 챈들러와 스티븐 킹과 미야베 미유키는 모두 다른 글을 쓰지만 세상에는 그 모든 세계가 필요하다.

 나는 가수들도 그렇다고 생각한다. 그들 역시 하나의 완결된 세계다. 그 세계를 좋아하거나 싫어할 수 있지만, 그 세계에다 등수를 매기는 것은 불가능하다. 김건모를 김범수가 대체할 수 있을까? 이소라를 임재범이 대체할 수 있을까?

가수들에게 옛 노래들만 부르라고 하는 것도 가혹한 일이다. 누군가 불렀던 곡을 다시 부르게 하는 것은 인테리어가 모두 완성된 집에 들어가서 모든 걸 허물고 새로 공사를 하라는 건데, 공사가 성공해도 문제고 실패해도 문제다. (가끔은 〈유희열의 스케치북〉 100회 특집 'The Musician'처럼 빈 공간에 인테리어 공사 하라고 했더니 완전히 집을 새로 지어서 보는 사람 감동의 눈물 쏙 빼는 공연도—특히, 최백호 씨와 함춘호 씨와 심성락 선생님 말입니다—있긴 있다만……)

30년 넘게 음악을 들어오면서 내가 깨달은 게 있다면, 내가 좋아했고 좋아하는 노래는 반드시 셋 중 하나에 속한다는 거다. 듣는 순간 내 주위의 사람들과 함께 어울리게 되는 노래가 있는가 하면, 때로는 듣는 순간 선율이 만들어내는 세계로 들어가기 위해 눈을 감게 되는 노래가 있고, 어떨 때는 듣는 순간 먼 곳의 풍경을 멍하니 바라보게 되는 노래가 있다. 첫 번째를 근시음악이라 부르며 두 번째를 투시음악이라 하고, 세 번째를 원시음악이라 한다, 고 (누구 맘대로?) 내 맘대로 정했다. 하지만 노래 대신 가수가 또렷하게 보이는 노래는 절대 좋아할 수 없다. 야, 이 가

수는 고음이 끝내주네, 이 가수는 또 어떤가, 기교가 아휴, 장난이 아니네, 그래, 노래를 참 잘 불러, 라고 생각할 때 그 가수는 노래를 부르는 게 아니라 이미 노래를 잡아먹어버린 거다.

내가 '루싸이트 토끼'를 좋아하는 것도 비슷한 이유 때문인 것 같다. 루싸이트 토끼의 음악을 들을 때면 언제나 먼 곳을 바라보았던 것 같다. 버스에서 책을 읽거나 다른 일을 하다가도 루싸이트 토끼의 노래만 나오면 나는 먼 곳을 봤다. 일산에서 버스를 타고 홍익대로 향할 때 손끝이 찌릿할 만큼 슬픈 〈나에겐〉을 들었다. 나는 합정역의 사람들과 그 너머의 거리 풍경들이 일순간 멀어지는 기이한 체험을 했다. 모든 게 아스라하게 느껴졌고, 나만 허공에 둥둥 떠 있는 것 같았다. 그 노래만 들으면 합정역 앞의 풍경이 떠오른다. 〈손꼭잡고〉를 들을 때는 먼 곳의 맑은 하늘을 보았고, 〈꿈에선 놀아줘〉를 들을 때는 별과 달을 보았다.

루싸이트 토끼의 음악을 듣기 시작한 지 3년이 넘었는데, 그들의 음악이 나와 함께 앞으로 걸어가고, 나와 함께 변하고 있다는 걸 느낄 때 기분이 묘하다. 크게 변하는 것 같지 않지만 루싸이트 토끼의 음악은 조금씩 달라지고 있고, 나는 그걸 느낀다. 나 역시 크게 변하는 것 같지 않아도 조금씩 달라지고 있겠지. 우리는 어쩌면 음악들을 들으면서 우리의 변화를 실감하는 것인지도 모르겠다. 음악과 함께 우리들은 자란다.

내가 좋아하는 뮤지션들이 새 앨범을 내길 기다리는 시간, 레코드 가게에서 시디를 집어 들고 집으로 돌아오며 그들의 음악을 상상하는 시간, 그 모든 시간이 음악을 듣는 시간이다. 귀에는 음악이 들리지 않지만 상상 속에서 음악이 흘러나온다. 아직 만들어지지 않은 노래들, 곧 만들어질 노래들, 수많은 뮤지션들 각각의 세계에서 쏟아져나올 노래들, 그 노래들을 상상하는 것만으로도 온몸이 짜릿하다. 옛 노래들을 들으면서 오래전의 시간을 추억하는 것도 기분 좋은 일이겠지만, 아직까지는 내 주위 수많은 뮤지션들의 새 노래를 기다리는 게 더 큰 즐거움이다.

제대로 된 오디오를 한번 사보자는 마음으로 용산에 간 적이 있다. 벌써 15년 전 일이다. 그때는 꽤 한가한 시절이어서 수일 동안 가게를 돌아다니면서 수십 종의 소리를 들어보았는데, 그 차이를 하나하나 판별해가며 음악을 듣는 게 얼마나 힘들었는지 모른다. 어떤 소리는 먹먹했고, 어떤 소리는 날카로웠다. 미묘하게 다른 소리들을 구분해가며 내가 어떤 소리를 좋아하는지 판단하는 게 무척 힘들었다.

그 후로 (반은 농담이지만) '제일 훌륭한 오디오는 이어폰'이란 얘길 하고 다녔다. 오디오 전문가들이 들으면 기겁할 소리겠지만 나는 아무래도 그편이 마음 편하다. 적은 돈으로 자주 기기를 교체할 수 있고, 내 맘껏 음량을 조절할 수도 있고, 가지고 다니기도 쉽다. 그동안 사들인 이어폰, 헤드폰이 아마 30종 이상은 될 것이다. 모든 오디오의 소리가 다르듯 모든 이어폰의 소리가 다르다는 게 놀라울 때도 있다. 어쩌면 당연한 얘기겠지만. 요즘엔 이어폰으로 음악을 들을 때가 훨씬 많다. 그때 산 오디오는 구석에 처박혀 있다.

이어폰으로 음악을 듣는 사람 중 대부분이 좌우에 별로 민감하지 않다는 걸 최근에 알았다. 목욕탕 슬리퍼처럼 사용한달까, 좌우를 신경 쓰지 않고 아무렇게나 손에 집히는 대로 귀에 꽂는 사람이 많았다. 나 같은 경우에는, 정교한 소리에는 예민하지 않지만 좌우의 밸런스에는 좀 예민한 편이어서, 왼쪽과 오른쪽을 바꿔 낄 때 아무래도 불편하다. 한참 음악을 듣다가 뭔가 마음이 편치 않아서 확인해보면 오른쪽 이어폰이 왼쪽 귀에 꽂혀 있다. 이어폰에는 'L'과 'R'이 확실히 표시돼 있고, 어떤 이어폰은 좌우의 모양이 다른 경우도 있다.

감긴 이어폰 줄을 풀고 귀에 꽂을 때마다, 두 갈래로 갈리는 이어폰을 볼 때마다 토끼 같다고 생각했다.(정말 그렇지 않나? 그래서 토끼를 이름으로 한 그룹들이 그렇게 많은 거 아니었나?) 소개하고 싶은 그룹이 루싸이트 토끼라서 억지로 의미를 갖다 붙이는 건 절대 아니다. 좌우를 확인하고 이어폰을 귀에 꽂을 때 토끼의 귀와 내 귀를 맞대고 함께 음악을 듣는 장면을 상상하곤 한다. 어째 좀 변태스러운가? 오디오 이야기로 시작해서 루싸이트 토끼로 끝나는 이런 글, 이상할 수도 있겠지만 가끔 몇몇 산문은 (산토끼의 뒤를 따라) 이야기가 산으로 가기도 한다. 루싸이트 토끼를 참 좋아한다.

가을

국경을 벗어난 소리

외국 여행을 준비할 때면 제일 먼저 아이팟 한가득 음악을 챙긴다. 라디오헤드도 있어야겠고, 레이지 어겐스트 더 머신도 빼놓을 수 없고, 벤 폴즈도 있으면 좋지 않을까. 낯선 도시로의 여행이라면 재즈나 클래식을 들어야겠지, 라고 수선을 떨다가 결국엔 가요를 가장 많이 채워 간다. 낯선 곳에서 오랜 시간 지내다 보면 한국말이 그리워지지 않을까 싶어서 그러는 건데(이보게, 자네 여행은 대부분 일주일 이내가 아니던가!), 가장 큰 문제는 여행 가서는 아이팟을 거의 꺼내지도 않는다는 점이다.

비행기에서 이어폰을 끼고 음악을 듣다가 극심한 두통이 온 이후로는—이게 과학적으로 설명이 가능한 건지는 모르겠다. 혹자는 비행기에서의 두통은 비염 때문이라는 얘기도 하더라— 절대 하늘 위에서 음악을 듣지 않는다. 외국의 도시를 다닐 때에는 눈과 귀와 코를 모두 열어두어야 하기 때문에, 낯선 도시의 소리를 듣고 냄새를 맡아야 하기 때문에 이어폰을 끼고 음악을 들을 시간이 없다.

여행 중 아주 짧은 순간 음악을 듣게 된다. 마음에 드는 카페를 발견한 다음 여행의 고단함과 경로의 고민과 소통의 난처함을 내려놓고 조용히 커피 한잔 마실 때, 피곤한 몸으로 호텔로 돌아온 다음 샤워를 끝내고 빳빳하게 세탁된 시트 위에 앉았을 때, 창밖으로 생전 처음 보는 풍경이 눈앞에 펼쳐질 때, 그래서 쓸쓸하기도 하고 덜컥 겁이 나기도 하는 그 순간에 음악을 듣는다. 그럴 때 듣는 음악은 정말 꿀맛 같다. 아이팟에 넣어둔 음악이 13710곡이고 그중에서 한 세 곡쯤 듣는 것이니까 도대체 경쟁률이 얼마야. 지난 여행 때 나는 (정바비와 계피의) '가을방학'을 들었다. 낯선 도시에서 듣는 계피의 목소리? 안 들어봤으면 말을 마시라! 눈물 난다.

가을방학과 (티미르호의) 김재훈이 만나서 내놓은 앨범 《실내악 외출》을 듣다가 가슴 치는 가사를 만났다. 〈한낮의 천문학〉의 첫 소절. "낯선 도시에서 가장 먼저 하는 일 / 해 떨어지는 시간을 적기 / 그림자가 섞이는 그때 비로소 난 도착할 수 있는 것."
계피의 목소리로 이런 문장을 만나니 지금이라도 당장 비행기 티켓을 끊고 외국으로 날아가고 싶어진다. 피아노, 클라리넷, 첼로 소리 위로 날아오르는 계피의 목소리는 국경 위를 유유하게 넘나드는 연기나 구름 같다. 외국에 있었다면 여행 중의 시간을 관세로 지불하고 계피의 나라로 출국했을 것이다.

《실내악 외출》에는 〈한낮의 천문학〉 말고도 아름다운 노래들이 많다. 《가을방학》 앨범의 노래를 클래시컬하게 편곡한 것도 있고, 〈한낮의 천문학〉이나 〈첫날밤〉(아, 너무 귀여운 노래) 같은 신곡도 있다. 이 앨범을 듣자고 외국에 나갈 수는 없으니(앨범 가격 50만 원!) 서울을 외국이라 생각하고 이 노래들을 들어야겠다. 하긴, 우린 모두 '다른 나라에서' 살고 있는 사람들이니까. 해 떨어지기 직전 우리들의 그림자가 섞이는 그 순간, 난 서울이라는 낯선 외국에서 이 노래들을 듣고 있을 것이다.

가장 오랫동안 썼던 기기인 것 같다.
음질도 좋았고, 외관도 예뻤다.
녹음 기능도 좋아서
인터뷰를 할 때면 늘 들고 갔다.
길쭉한 MP3 플레이어를 내밀면
마이크 같기도 했다.
한 시절을 떠올리게 하는 MP3 플레이어다.

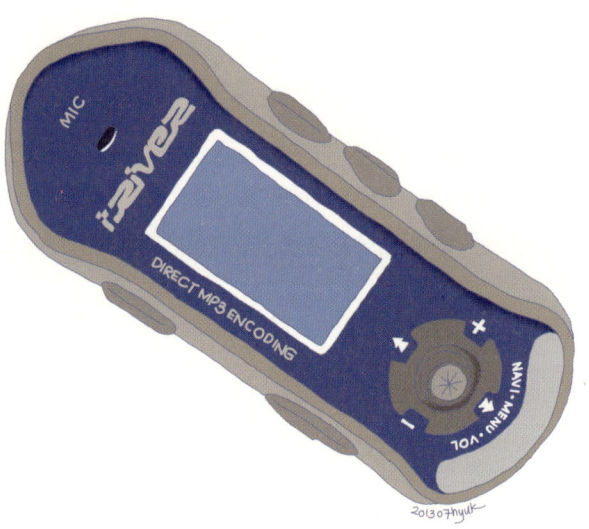

우리가 먼저
외로움을 찾아가자

노래를 듣다가 울컥, 하는 경우가 종종 있다. 아무런 준비도 하지 않고 있는데 노래 속의 어떤 단어나 목소리나 멜로디가 불쑥, 귀로 들어오더니 뒷골을 타고 내려가 심장을 후벼 판 다음 재빨리 얼굴로 올라가 눈물샘을 건드린다. 그 시간이 얼마나 짧은지 내가 어쩌다 눈물을 흘리게 됐는지도 알지 못한다. 눈물은 얼마나 재빠른지 손쓸 틈이 없다. 흐르고 난 후에야 닦아낼 수 있다.

누구에게나 그런 노래가 있을 거다. 듣는 순간 무방비 상태가 되는, 갑자기 한숨을 쉬게 되고 어느 순간 가슴이 아릿해지는 노래가 있을 것이다. 한번 눈물을 쏙 빼고 나면, 들을 때마다 슬픔은 반복된다. 오랜 시간 동안 노래에 익숙해지면 슬픔은 사라지지만, 몇 년이 지난 후 그 노래를 들으면 슬픔의 감정이 되살아난다.

나에게는 롤러코스터의 노래가 그랬다. 지금도 2002년의 신촌이 또렷하게 기억난다. 롤러코스터의 음악을 좋아해서 첫 번째 앨범부터 얼마나 열심히 들었는지 모른다. 이어폰을 꽂고 계속 들었고, 노래방에 가서도 불렀고 (마이크 뺏겼고), 콘서트에도 가서 들었고, 거의 매일 들었다. 그들의 명반《일상다반사》가 조금씩 지겨워질 때쯤 다음 앨범이 나오기를 목 빼고 기다렸는데, 나온다는 말만 많고 아무런 소식이 없었다. 2002년의 어느 날, 나는 신촌을 걷고 있었다. 생각 없이 신촌을 걷던 내 귀에, 너무나 익숙한 조원선의 목소리가 들렸다. (요즘은 이런 풍경도 모두 사라졌지만) 레코드 가게의 스피커에서 흘러나오는 노래에 정신을 빼앗긴 채 나는 그 자리에 계속 서 있었다. 비트는 강했지만 노래는 슬펐다. 사람들은 바쁜 걸음으로 곁을 지나갔고, (그때만 해도 뚜렷한 직업이 없었으므로 시간이 많았던) 나는 그 자리에 계속 서 있었다. 뮤직 비디오의 한 장면처럼 수많은 사람들이 유령처럼 보였다. 그들의 실루엣은 현실의 장면 같지 않았다. 그 순간, 이상하게 나는 슬펐다. 사람들의 걸음걸음이 모두 슬펐다. 모든 사람들이 각자의 이야기를 안고, 각자의 방향으로 정신없이 사라져가는 게 슬퍼 보였고, 절대 알 수 없을 그들의 삶이 쓸쓸하게 느껴졌다. 그때 들었던 노래가 롤러코스터의 〈Last Scene〉이었는데, 그 노래를 들을 때마다 신촌의 레코드 가게 앞을 지나가던 사람들의 쓸쓸한 뒷모습이 떠오른다. 돌이켜보면 가사도 어찌나 절묘했던지. "나는 아무 말도 못했다 / 그 자리에 그냥 서 있다 / 니가 하는 말이 무슨 뜻인지를 / 한참 후에서야 알았다." 그래, 그 자리에 그냥 서 있었다.

그게 그렇게 슬플 일인가. 감수성 과잉이지, 그렇지, 나도 안다, 아는데, 가끔은 모두들 그렇게 슬플 때가 있지 않나. 슬픔을 과학적으로 분석한 존 레이티의 『뇌, 1.4킬로그램의 사용법』이라는 책은 슬픔을 이렇게 설명한다. "두뇌에서 슬픔은 좌측 편도체와 우측 전두엽의 활동을 증가시키고, 우측 편도체와 좌측 전두엽의 활동을 감소시킨다." (네? 뭐라고요? 설명을 더…….) "슬픔을 통해 우리는 잠시 멈춰서 재편성하고 재평가한다. 우리에게 충분한 고통을 주어 변화할 동기를 유발한다." (아, 네, 이제 무슨 말인지 알겠어요.) 슬픔이란 광범위하다. 불안으로 인한 슬픔은 극단적인 선택의 원인이 되기도 하지만 우리가 일상에서 느끼는 슬픔은 오히려 삶의 깊이를 더해주는 자극제인 셈이다.

다시 한 번 그런 일이 있었다. 10년 전과 비슷한 기분이었다. 나는 덜컹거리는 지하철 의자에 멍하니 앉아 있었다. 셔플 기능을 켜둔 채로 음악을 듣고 있었는데, 갑자기 조원선의 목소리가 내 귀를 파고들었다. "얼음처럼 차가워요 / 단단하게 굳어져가요 / 그 속에는 들어갈 수가 없어요 / 이제는 아무도"라고 노래하는 조원선의 목소리는 시끄러운 지하철 소음 속에서도 또렷하게 내 몸을 떨리게 했다. 10년 전의 목소리와 달라진 게 없었고, 오히려 더 서늘해졌다. 조원선의 앨범에 들어 있는 노래가 아니라 손성제의 《비의 비가》에 들어 있는 〈마음, 얼음처럼 단단하게〉라는 곡이었다.

그때부터 《비의 비가》 앨범을 계속 들었다. 이 앨범은 그야말로 슬픔의 파노라마, 슬픔의 버라이어티, 슬픔의 포커스, 슬픔의 집대성이었다. 첫 곡부터 끝까지 한 번도 웃지 않는다. 웃음기를 보이기는커녕 자꾸만 땅속으로 기어들어간다. 그러나 그 슬픔은 우울로 이어지는 슬픔이 아니고, 자신을 괴롭게 되는 그런 슬픔이 아니고, 나 말고 다른 사람을 생각하게 되는, 동정 가득한 슬픔이다.

사랑을 한다는 것은 나 말고 다른 사람을 생각하기 시작한다는 뜻이고, 나 말고 다른 사람을 생각한다는 것은 세상에서 나의 크기가 작아진다는 뜻이다. 혼자 차지하던 세계에 타인을 들어오게 하는 것이고, 타인이 잘 살 수 있게 내 영토를 줄이는 것이다. 내가 자꾸만 작아지니까 슬픈 거고, 그래서 자꾸만 물어보고 싶은 것이다. '날 사랑하느냐고, 날 좋아하느냐고' 묻게 된다. 손성제의 《비의 비가》는 작아지는 내가 슬퍼서 부르는 노래다. (연인이든 세상이든) 누군가와 사랑을 시작한 후에 느껴지는 슬픔에 대한 노래다.

'2011년의 앨범'을 꼽는다면 《비의 비가》를 무조건 포함시켜야 한다. 이렇게 모든 노래가 하나의 방향으로 화살표처럼 움직이는 앨범은 드물다. 모든 노래가 좋지만 '앨범'으로서 더욱 훌륭하다. 앨범의 첫 곡부터 듣기 시작해 마지막 곡을 다 듣고 나면 어딘가를 관통했다는 기분이 든다. 커다란 감정의 덩어리를 삼켰다가 씹은 다음 뱉어낸 듯한 기분이 든다.

손성제 씨는 자신은 좋은 보컬리스트가 아니라고 하지만, 내가 보기엔 그의 노래에 그보다 잘 어울리는 목소리는 없다. 바람 같은 목소리, 가지 끝의 나뭇잎이 떨리다가 어디론가 날아가버리는 듯한 목소리다.

손성제 씨는 색소폰을 부는 사람으로 더 많이 알려져 있다. 어찌 보면 그의 색소폰 소리나 그의 노래나 다를 게 없었다. 관악기들이 그렇게 쓸쓸하게 들리는 이유는 그 속에다 숨소리를 불어 넣기 때문이고, 손성제 씨는 색소폰에 숨을 불어넣는 것처럼 노래를 부르니 모든 노래가 그렇게 쓸쓸했던 거다.

외로움이라는 것은 아마도 사라지는 것들을 그리워하는 감정일 것이다. 시작부터 끝까지 혼자라면 절대 알 수 없을 감정, 누군가를 위해 자신의 영토를 줄여본 사람이 아니라면 알 수 없을 감정, 함께하는 순간이 영원하길 바라지만 결코 그게 이루어질 수 없다는 걸 알게 되었을 때의 감정이 바로 외로움일 것이다. 앨범에서 가장 쓸쓸한 트랙은 〈멀리서〉라는 곡이다. 조용히 노래를 부르는 객원 가수 김지혜 씨의 목소리와 기타 소리 위에 사람들의 소리가 겹친다. 텔레비전 소리 같기도 하고 공연장에서 들리는 소리 같기도 하다. 사람들은 웃고, 환호하고, 박수 치고 있다. 그들이 환호하고 돌아가는 시간의 어두운 골목에서, 웃음과 박수가 모두 끝난 후의 적막 속에서, 자려고 누운 침대 위로 보이는 어두운 천장에서, 외로움과 쓸쓸함은 순식간에 그들을 기습 공격할 것이다. 순식간에 심장을 후벼 파고 우울을 극대화할 것이다.

외로움이 오기 전에 우리가 먼저 찾아가자. 그게 훨씬 덜 아프다. 외롭지 않다고 자신을 세뇌하다가 어이없는 한 방에 무너지지 말고 우리가 먼저 찾아가자.

12만 발 중
세 발

강원도에 다녀왔다. 일을 끝내고 친구들과 함께 자동차를 타고 서울로 오게 되었는데, 토요일 오후인 데다 여의도에서 세계불꽃축제라는 걸 한다는 소식을 미리 접한 우리는 마음을 굳게 먹었다. 목적지는 홍대 부근, 강변북로와 올림픽대로를 피해야 할 테고, 아, 어떻게 돌아야 정체를 피할 수 있을까. 작전에 작전을 거듭했다. 그 숨 막히는 작전의 와중에 라디오에서는 〈배철수의 음악캠프〉가 흐르고 있었다. 내가 이럴 때가 아니다. 나는 친구들에게 절규했다. 노래 칼럼을 써야 할 사람이 한 주 동안 제대로 된 최신 가요를 한 곡도 듣지 않아놓고 이런 위급한 상황에서도 팝송을 방송하는 프로그램을 듣고 있는 것은 말이 되지 않는 일이었다. 운전을 하던 친구는 나를 위해 채널을 찾아주었다.
 시작부터 예사롭지 않았다. 윤도현의 〈가을 우체국 앞에서〉. 계절이 가을의 한복판에 들어선 지금 이 노래를 선곡하다니, 배짱 있는 피디군, 하는 생각이 들었다. 이것이야말로 정면 승부가 아닌가. 다음 노래가 나오는 순간, 차 안에 있는 모두가 탄식했다. 김광석의 〈어느 60대 노부부 이야기〉가 여봐란듯이, 이럴 줄 알지 않았냐며 흘러나왔다. 그때부터 우리는 프로그램의 정체성에 대해서 토론을 나누기 시작했다. 늦은 밤 차 안에서 마땅히 할 일도 없었다. 프로듀서와 작가가 동일 인물이 아닐까, 라는 의혹이 제기됐고, 다음으로 어떤 노래가 나오는지 맞히자는 제안을 내놓기도 했다. 방심하고 있는 사이에 김현식의 〈내 사랑 내 곁에〉가 시작됐다. '아, 정말, 이러긴가' 하는 마음이 들었다. "야, 이러다가 이승환 노래도 나오겠다"라고 누군가 말했고, 우리 목소리를 듣고 있었다는 듯 이승환의 〈세상에 뿌려진 사랑만큼〉이 나왔다. 이것은 정말 비정상적인 라인업이다. 야구로 치자면 1번 김태균, 2번 이대호, 3번 이만수, 4번 이승엽, 5번 베이브 루스를 줄줄이 배치해놓은 격인데, 번트는 누가 대고 도루는 누가 하나.
 이후에도 황규영, 한경애, 이상은, 샤프의 노래가 줄줄이 흘러나왔다. 친구들은 노래 가사를 대부분 알고 있었고, 다음에는 어떤 노래가 나올지 대부분 감을 잡고 있었다. 우리가 음악 선곡을 해도 될 지경이었다. 흘러나오는 곡들이 싫으면서도 좋았다. 좋으면서도 싫었다. 옛 노래라서 싫다가 추억이 묻은 노래들이어서 좋았고, 따라 부를 수 있어서 좋았고, 너무 많이 들은 노래들이라서 지겨웠다. 한창 예민하던 시절에 들었던 노래들, 수많은 일들이 일어날 때 들었던 노래들이다. 지난 시절도 마찬가지겠지. 좋으면서 지겹고, 싫으면서 그립겠지. 우리는 노래를 듣다가 조금 지친 것 같다.

올림픽대로와 강변북로를 피해 이리저리 돌아 홍대 근처에 왔을 때 저녁 9시가 넘어 있었다. 사방이 어두웠다. 상암동 방면에서 쭉 뻗은 도로를 따라 홍대로 가는데, 갑자기 먼 하늘에서 폭죽이 터졌다. 불꽃놀이의 폭죽이 아름답게 하늘로 번져나갔다. 연이어 두 발이 펑, 펑 터졌고, 곧이어 한 발이 터졌다. 아름다웠다. 모두들 소리를 지르면서 하늘을 가리켰다. 하늘은 다시 어두워졌다. 그날 12만 발의 불꽃 중에 우리가 본 것은 세 발뿐이었다. 우리는 하늘을 계속 보았지만 더 이상은 보이지 않았다.

해 질 녘의
뮤직 퀄리티

〈배철수의 음악캠프〉에 출연했다. 가문의 영광까지는 아니더라도 이 계절의 영광으로 쳐주고 싶은 사건이었다. '사람과 음악'이라는 코너였는데, 선곡부터 애를 먹었다. 다섯 곡? 세상에, 나의 30년 음악 인생을 고작 다섯 곡으로? 시디장을 보면서 고민에 고민을 거듭했다. 김중혁이라는 사람을 어떤 음악으로 설명해야 하나. 설명이 되긴 되나. 그렇게 힘들게 고른 다섯 곡의 음악이 무엇이냐 하면, 〈배철수의 음악캠프〉 게시판에 가서 보시고요, 하하. 첫 곡만 말하자면 킨크스의 〈Sunny Afternoon〉이었다. 라디오에서도 말했지만 킨크스를 좋아하는 이유는 그들의 엉성함 때문이다. 비틀스 때문에 음악과 사랑에 빠졌고, 여전히 그들의 노래에 감탄하지만, 이상하게 깊은 정이 느껴지질 않는다. 완벽해서 그런 게 아닌가 싶다.

비틀스에 비해 킨크스는 엉성하기 짝이 없다. 레이 데이비스의 까끌까끌한 목소리가 매력적이고, 후크hook로 가득한 팝송을 만들 줄 알지만 어딘지 모르게 아마추어 같다. 악기 하나가 빠진 게 아닌가 싶을 정도로 사운드가 앙상할 때도 많고, 새로운 실험 같은 걸 열심히 하지도 않는다. 비틀스보다는 킨크스, 그게 내 취향이 됐다. 비틀스같이 완벽한 예술가가 되기보다는(되고 싶다고 될 수 있는 게 아니기도 하고) 킨크스 같은 엉성한 예술가가 되고 싶다는 게 내 바람이다.

이런 말 들으면 멤버들이 섭섭해하겠지만 논Non의 음악을 처음 들었을 때 그런 생각을 했다. '뭔 노래들이 이렇게 허술해 보인담.' 음반 곳곳에 총체적 허술함이 묻어 있었다. 노래를 잘 불러야겠다는 의지도 별로 없어 보이고, 랩인지 내레이션인지 알 수 없는 해괴한 창법이 등장하는 노래도 있고(《복잡한 심정》) 레게와 사이키델릭과 포크가 사이좋게 겸상을 하는 진풍경이 곳곳에 등장해서, 이게 대체 뭐람 싶은 대목도 여러 곳이다. 그러나, 들으면 들을수록, 이 음반 참, 늪 같다. 발이 푹푹 빠진다.

가사의 센스도 일품이고—"매일 마시며 노래하고 싶지만 / 예쁜 아가씨와 얘기하고 싶지만 / 길담배 피며 거리를 걷고 싶지만 / 하지만 난 군인이라네."(〈군인〉) 아, 군인이래, 얼마나 슬퍼— 처음에는 허술한 구성이라 생각했는데, 알고 보니 그 허술함이란 감상자들이 끼어들 여지를 만들어둔 것일지도 모른다는 생각까지 하게 된다. 내가 음반에서 가장 좋아하는 노래는 〈뮤직 퀄리티〉인데, 고개를 까딱까딱 흔들면서 이 노래를 듣다 보면 허술하고 단출하다는 게 실은 얼마나 좋은 퀄리티의 뮤직인지 새삼 깨닫는다. 수십 가지 반찬이 놓인 화려한 한정식보다는, 이렇게 1식 3찬의 단출한 메뉴가 밥맛을 느끼기에 더 좋다는 걸(양현석 씨 책임져요, 나도 모르게 자꾸 음식 비유하게 되잖아요!) 깨닫게 된다. 음반 제목도 그래서 《Sound of Non》인 거겠지. 논의 사운드, 내 취향이다.

〈배철수의 음악캠프〉 게시판에 가지 않을 걸 알기 때문에 다섯 곡을 여기 소개하겠다.

1. The Kinks – 〈Sunny Afternoon〉
2. 이아립 – 〈바람의 왈츠〉

3. Portishead - 〈Sour Times〉

4. 오지은 - 〈Wind Blows〉

5. The Magnetic Fields - 〈The Dreaming Moon〉

오랜 시간을 고민하여 다섯 곡을 골랐다. 고르는 데는 까다로운 기준이 있었다. (지금은 차가 없지만) 한창 운전을 좋아하던 때, 강변북로나 올림픽대로에서 저녁 6시가 되면 늘 라디오를 켰다. 〈배철수의 음악캠프〉에서 흘러나오는 노래를 들으며 석양을 바라보면 아무 생각 없이 행복했다. 하루가 저물고 있다는 게 위로가 됐고, 오늘 저녁은 행복할 수 있을 것 같다는 근거 없는 행복이 밀려들었다. 노을을 바라보면서 듣고 싶은 노래들을 골랐고, 시간의 경과를 노래의 선곡에 담고 싶었다. '오후Afternoon'에서 시작해, '꿈꾸는 달Dreaming Moon'로 끝나는 선곡이었다. 그 사이에 '바람'이 있고, 한가운데 '시큼한 시간들Sour Times'이 있다. 킨크스의 〈Sunny Afternoon〉과 포티셰드의 〈Sour Times〉는 내 인생 가장 많이 들은 노래 두 곡일 것 같다. 혹시 해 질 녘 강변북로를 (당연히 일산 방면으로) 달릴 예정인 분은, 한 번쯤 이 선곡으로 달려보는 것도 좋을 것 같다.

우연에게서 받은 선물

얼마 전 술자리에서 우연히 만난 분이 이메일로 좋아하는 뮤지션을 추천해주었는데, 요즘 가장 자주 듣는 노래가 됐다. 그분이 소개해준 뮤지션은 '솔루션스'였다. 왜 이름이 솔루션스일까, '이 복잡한 세상, 우리들의 음악이 해결책!'이라는 자만심의 발로라면 '멋지다'라고 생각했을 텐데, 싱어송라이터 '박솔'과 '나루'가 함께 팀을 이루는 바람에 생긴 이름이었다. 이런 센스쟁이들!(음, 한국식 이름으로는 '나박'김치를 추천합니다!)

솔루션스의 음악은 (다양한 장르가 혼재되어 있고, 노래마다 색깔도 다 다르지만 전반적으로) 무덤덤해서 좋다. 대단히 매력적인 음악을 하고 있는데도 생색내지 않아서 좋고 (반대로 생색

내지 않아서 매력이 배가 되는 것일 수도 있고), 두 사람은 싫어할지 모르겠지만 '유앤미블루'를 처음 들었을 때가 생각날 만큼 사운드와 목소리의 조화가 매력적이어서 좋다. 앨범의 노래들을 모두 즐겨 듣지만 가장 많이 들었던 노래는 〈Lines〉의 한국 가사 버전이다. "모두 평행선을 달리고 있죠 / 아주 당연한 듯 / 뒤돌아보질 않아 / 우린 작은 우연 속에 만나고 / 이유는 모른 채 / 서로를 마주 보네"라는 가사와 징글쟁글한 기타와 무심한 목소리가 어찌나 잘 어울리는지, 이어폰을 낀 채 노래를 듣고 있으면 거리를 지나고 있는 모든 사람들이 다르게 보인다. 왜 사람들은 지금 이곳을 지나게 됐는지, 우연 속에 들어온 사람들의 삶을 정지 화면으로 만든 다음 자세히 들여다보고 싶은 마음이 들기도 한다.

한때 그런 뮤직비디오를 만들어보고 싶었다. (누군가 이미 만들었을 가능성이 크지만) 한 장의 정지 화면으로 시작한 다음 시간을 되돌려 화면 속에 등장한 사람들이 왜 이곳으로 모이게 됐는지, 이들은 어떤 우연 때문에 이 자리에 있게 됐는지를 역추적하는 영상을 만들고 싶었다. 아마도 영상을 찍는 것은 포기하고 언젠가 그런 소설을 쓰게 될지도 모르겠다. 솔루션스의 〈Lines〉를 들으면서 상상으로만 존재했던 그 영상을 떠올렸다. 서로를 마주 보고 있는 두 사람이 있고, 시간을 되돌리면 이들은 전혀 몰랐던 사이로, 평행선으로 되돌아가는 것이다. 뒷걸음치다가 우연을 거슬러 평행선이었던 시절로 되돌아가는 것이다.

  우리는 어쩌다 만나게 됐을까. 평행선이었던 두 사람은 어째서 교차점을 만들게 됐을까. 둘 중 한 사람이 자신의 직선을 포기하면 혹은 궤도를 수정하면 우연은 생기게 되어 있지만, 서로를 마주 보는 내내 신기하기만 하다. 우리는, 정말, 어쩌다 만나게 된 것일까. 우주의 역사를 생각하고 지구의 역사를 생각하고 모든 것의 역사를 생각해도 이 우연은 참으로 놀랍다. 교차점은 불편하고 관계는 지옥이지만 우리는 매번 우연에게서 받은 선물 포장을 뜯어보고 싶은 마음에 내일을 또 기다리고 있는지도 모르겠다.

뮤직비디오를 만들어보고 싶은 노래가 또 생겼다. 오지은의 〈네가 없었다면〉인데, 이곡을 듣다 보면 선명하게 떠오르는 이미지가 몇 개 있다. 투명한 물 속으로 잉크 몇 방울이 떨어지고, 잉크가 번지고 퍼져 나간다. 붉은색 잉크, 푸른색 잉크가 엉기고 얽히다가 다른 색으로 변한다. 촬영도 간단할 것 같다. 물을 채운 투명한 수조와 여러 종류의 잉크, 카메라만 있으면 가능할 것 같다. 그런데, 이것 참 시간이 없네.

노래,
일발 장전

 모 칼럼에서 1990년대와 2000년대 가요 이야기를 하는 와중에 김현식의 〈내 사랑 내 곁에〉를 아주 짧게 얘기하고 지나갔는데, 그러면 안 되는 거였다. 나는 이 노래에 대해 할 말이 훨씬 많다.
 김현식의 6집 앨범이 발매된 것은 1991년 1월이었고, 1991년 1월에 나는 정상적인 인간이 아니었다. 휴학한 상태였고, 매일 술에 절여지고 있었고, 심지어 입대를 앞두고 있었다. 정상인 게 오히려 비정상인 시기였다. 그 무렵의 나는 겉멋이 잔뜩 들어서 (겉이라도 멋있으면 좋았겠지만 그건 또 아니었던 것 같고) 머리를 어깨까지 기르고 트렌치코트를 입은 채 거리를 활보했다. 누구나 인생에 한 번쯤 그런 시기가 있는 것 같다. 아무리 생각해도 무슨 정신으로 그러고 다녔는지 이해할 수 없는 시기.

폼 잡고 다니던 시절의 배경음악은 당연히 김현식이었다. 일단, 반항 좀 하려면 김현식을 들어야 했고, 폼 좀 잡으려면 김현식을 알아야 했다. 1990년 11월 1일. 그가 죽었다는 소식을 들었을 때 나는 한동안 멍했다. 잘 알던 선배가 떠난 기분이었다. 그해 겨울, 많은 사람들이 그랬던 것처럼 〈내 사랑 내 곁에〉를 수없이 들으며 따라 불렀다. 하루에 한 번은 꼭 들었던 것 같다. 여름이 되고, 노래에 조금 질렸을 때쯤 긴 머리를 자르고 입대하게 됐다. 그렇게 김현식과 함께했던 한 시절이 저물었다. 고 생각했는데 그때부터가 시작이었다.

훈련소에 갔다 온 사람들은 알겠지만 고된 훈련 사이사이 꿀맛 같은 10분 휴식의 시간이 있다. 그 시간은 훈련병들의 장기자랑 시간으로 이어지기도 하는데, 내 차례가 됐을 때 아무 생각 없이 〈내 사랑 내 곁에〉를 불렀다. 순간 연병장에 정적이 감돌았다. 노래를 지나치게 잘 불러서라기보다(뭐, 제가 좀 부르는 편이기도 하고요) 노래의 멜로디와 가사가 훈련병들의 가슴에 콕콕 박혔던 것이다. 그날부터 쉬는 시간만 되면 나는 사람들 앞에 불려 나갔다. 조교가 "여기 노래 누가 잘하냐?"라고 물으면 훈련병들이 모두 나를 지목했고(자기들이 편하려고 나를!) 나는 자동으로 일어나서 그 쓸쓸한 노래를 아무런 반주 없이 몇 번이고 불렀다.

훈련소에서만 그랬으면 괜찮았을 텐데, 부대에 배치된 후에도 (함께했던 훈련병이 고자질하는 바람에) 또 노래를 부르게 됐다. 예, 이병, 김중혁, 노래 일발 장전. "나의 모든 사랑이 떠나가는 날이……." 자동으로 노래가 나왔다. 부대에 배치된 것이 10월이었으므로 나는 꼬박 1년 동안 김현식의 〈내 사랑 내 곁에〉를 수백 번 불렀다. 11월이 되면 가끔씩 이 노래가 라디오에서 흘러나온다. 김현식과 군 시절이 함께 떠오른다. 나는 김현식이 부른 버전보다 김중혁이 부른 버전에 훨씬 익숙하기 때문에 노래를 듣다 깜짝 놀란다. 정말 훌륭한 곡이다.

음질에 대한 고민은 끝이 없다.
그런 고민을 많이 할 때
MD 플레이어를 샀다.
음질이 좋았던 것 같기도 하다.
하지만 음질의 차이는 기억에 남지 않는다.
기억에 머무르는 것은
결국 노래들이다.

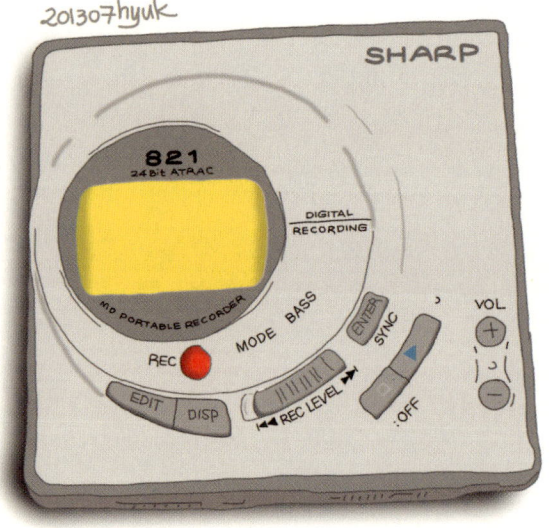

재미있고
쉬운 노래

한가한 시간은 언제쯤 찾아오는 것일까? 하던 일을 재빨리 마무리 짓고 새로운 일을 시작하지 않으면 된다. 아, 생각보다 간단하군요. 그럼요, 간단하고말고요. 참, 말이 쉽다. 한가한 시간은 쉽게 찾아오는 법이 없다. 하던 일이 끝날 때쯤이면 숨어 있던 일이 모습을 드러낸다. 두더지들처럼. 아무리 뿅망치를 내리쳐도 끊임없이 올라온다.

일의 진공상태. 아무것도 할 일이 없는 순간이 불현듯 찾아오면 다른 사람들은 뭘 하는지 모르겠다. 내 경우엔 자주 바뀌는데, 한때는 컴퓨터 게임을 했다. 장대한 서사가 있는 게임은 좋아하지 않았고, 야구나 축구나 테니스, 총격이나 격투기 게임처럼 짧은 시간 안에 승부가 결정 나는 종류를 좋아했다. 대여섯 시간 동안 격렬하게 게임을 하고 나면 온몸이 녹초가 되고 눈알이 빠질 듯 아프고 어깨가 쑤셔온다. 한번은 닌텐도 '슈퍼마리오' 게임을 3일 동안 쉬지 않고 한 적이 있는데, 얻은 것은 게임의 완전 공략과 손가락의 순발력과 허무함이요, 잃은 것은 시간과 시력이었다. 얻은 것보다 잃은 게 많았다. 이젠 눈도 아껴야겠고 어깨도 잘 보존해야겠기에 일의 진공상태를 다른 것으로 메우고 있다.

가끔 음악을 만들어볼 때가 있다. 이것만큼 시간 잘 가는 게 없다. 우선 가사를 쓰고 멜로디를 붙여본다.(반대가 될 때도 있다.) 멜로디에 맞춰 가사를 바꿔 쓰고, 가사에 맞춰 멜로디도 바꿔본다. 이러면 네 시간이 휘리릭 지나간다. 가사와 멜로디가 완성됐으면 본격적으로 음악을 만들어본다. 다룰 수 있는 악기가 기타밖에 없으므로 컴퓨터의 도움을 받아야 한다. 드럼을 깔고, 피아노를 깔고, 기타를 녹음하고 나면, 우와 다시 여섯 시간이 휘리릭 지나간다. 자야 하는데 도저히 잘 수가 없다. 노래를 불러야 한다. 반주에 맞춰 노래를 부르다 보면 다시 가사를 바꾸게 되고, 멜로디를 바꾸게 되고, 노래는 왜 이렇게 못하는지, 몇 번째 다시 부르는 거야 이거, 다시 들어보고, 다시 부르고, 기타를 또 녹음하고, 이러다 보면 밤을 꼬박 샌다. 완성된 노래는 엉망진창이지만 어쩐지 뿌듯하다. 노래를 만드는 건 생각보다 어려운 일이고, 예상 외로 무척 재미있는 일이다. 절대 다른 사람에게 들려주진 못할 테지만, 세상에는 결과가 아닌 과정만으로도 흥미로운 일들이 많다. 어쩌면 모든 예술 작품이 그럴지 모른다.

  노래를 듣다 보면 만만한 곡들이 있다. 어라, 이 정도라면 나도 어떻게 해볼 수 있지 않을까 싶은 노래들이 있다. 최근에 들었던 노래 중에는 3호선 버터플라이의 〈끝말잇기〉가 그랬다. 재미있고 쉬운 노래다. 앨범의 다른 곡들과는 사뭇 다르다. 막상 마음먹고 노래를 만들다 보면 (생각만큼 만만한 게 아니라서) 좌절하고 말지만, 누군가에게 노래를 만들고 싶게 만드는 건 참 멋진 일이다. 너무나 어처구니없는 노래도 아니고, 닿지 못할 정도로 어려운 노래도 아닌, 누군가 만들어보고 싶게 만드는 노래를 만드는 일은 참 멋지다.

  안다미로라는 여자 솔로 가수가 있다. 안다고? 아직 모른다고? 수준 낮은 동음이의어 개그 해서 미안하지만, 안다미로, 정말 말장난을 부르는 이름 아닌가. 이름을 처음 듣는 순간 '미로'를 모두 '안다'니, 길을 찾아내는 그 능력이 참으로 놀라운 여자라고 생각하면서(그래요, 제 수준이 이렇습니다) 혼자 키득거렸다. 첫 번째 싱글 〈말고〉의 피처링을 맡은 래퍼 YDG(사랑해요! 양동근)도 그런 동음이의어 개그 욕심을 버리지 못했던 모양이다. '새색시마냥 섹시 섹시'한(새색시가 섹시한 사람인가, 라는 문제는 일단 차치하고) 그녀를 보면 "입이 안 다물어져"라고 외치며 개그를 하는데, YDG의 개그는 실은 개그가 아니고 라임인 거겠지.(아, 라임과 개그는 종이 한 장 차이로구나.)

'안다미로'는 '담은 것이 그릇에 넘치도록 많이'라는 뜻의 순우리말이라는데, 이름 한번 참 잘 골랐다. 외모와도 잘 어울릴 뿐 아니라 한국말 같기도 하고 영어 같기도 하고, 저기 어디 스페인의 이름 같기도 한 묘한 발음이 머리에 쏙 들어온다. 외국어 이름과 정체를 알 수 없는 외계어 이름이 난무하는 가요계에서 이런 재미난 우리말 이름을 갖다 붙인 노력이 가상하기도 하고, 어떻게든 다른 팀과 달라 보이려는 '작명의 고통'이 느껴져 안쓰럽기도 하다.

나로 말할 것 같으면 '들국화'로 가요계에 입문한 후, '벗님들'을 발견하는 희열을 느끼기도 하고, '시인과 촌장'이라는 정체를 알 수 없는 팀에 매료됐다가, '산울림'을 뒤늦게 발견한 후 떨 듯이 기뻐하기도 했고, '어떤날'의 서정에서 헤어나지 못한 적도 있으며, '동물원'을 오랫동안 좋아하고, '서태지와 아이들'과 '시나

위'에 열광했던 사람이다.(그래요, 저는 나이가 많아요. 소녀시대도 좋아해요.) 옛날 음악이 좋았다는 게 아니고, 우리말 이름이 무조건 좋다는 게 아니다. 우리말로 된 팀 이름에는 시절의 상황과 유행의 맥락이 함께 버무려져 있어서 생각할 때마다 '그때의 추억' 같은 게 동시에 떠오른다. 팀 이름을 발음하는 것만으로도 그 시절이 되돌아온다.

요즘엔 영어가 일상화되어 있고, 팀 이름을 우리말로 하기엔 음악 스타일이 맞지 않는 경우도 많을 테니 이해는 간다. 우리말 이름의 의미가 너무 직접적인 게 마음에 들지 않을 수도 있을 것이다. 지금의 팀 이름도 시대를 반영하는 것일 테니, 십 대 아이들이 나중에 사십 대가 되면 요즘 그룹들의 이름을 부르며 추억에 젖어들겠지. 그때는 또 어떤 음악이 사람들의 귀를 사로잡을까. 어떤 팀들이 최고의 인기를 누리게 될까. 이런, 옛 추억을 들먹이며 꼰대 같은 소리를 하고 말았다. 그냥 신나게 음악 들으면서 노는 거다. 쓸데없는 소리 말고, 안다미로의 〈말고〉 얘기로 끝내야겠다. YDG가 없었다면 심심했을 노래이긴 하지만 안다미로의 보컬도 매력적이다. (내가 좋아하는 여성 솔로 가수인) 손담비, 아이비, 이효리를 잇게 되길 바란다.

이제는
지동설

 사람들의 성격이 모두 다르다는 게 놀라울 때가 있다. 각각 고유한 퇴적층이 되어 유일한 삶과 생각들을 쌓아올리며 자신만의 성격을 완성했을 테니 성격이 다르다는 건 지극히 당연한 일인데, 문득 생각하면 놀랍다. 동물들도 그럴까. 같은 동물이라고 해도 태어난 시간이 다르고 자라온 동네가 다르니 자신만의 성격 같은 게 있지 않을까. 수많은 동물 애니메이션 때문에 동물의 입장을 제대로 상상하기 힘들지만 어쩐지 그럴 것 같다. 같은 종의 고양이라도, 같은 종의 개라도 성격과 취향과 철학이 다를 것 같다.
 '한번 정해진 성격은 영원히 그 사람 성격'이라고 생각하는 사람들도 있는 것 같던데, 내 생각엔 (우리가 무슨 해병대도 아니고) 성격 역시 변하는 것 같다. 성격을 고쳐야지, 라고 마음먹는다고 되는 일은 아닌 것 같고, 큰일을 겪거나 중요한 사건을 맞닥뜨리고 난 후 조금씩 변하는 게 아닌가 싶다. 그때는 알지 못하더라도 어느 순간 되돌아보면 '아, 그때 그래서 내가 변한 게로군' 하고 깨닫게 된다.

내 경우엔 중학교와 고등학교 사이에 커다란 성격의 변화가 있었다. 중학교 1학년 때는 심각한 모범생이었고, 2학년 때는 적당한 모범생이었고, 3학년 때는 '모범생이 망해도 3년은 간다'는 말을 철석같이 믿으며 한때 모범생이었던 걸 자랑스러워하던 반모범생이었는데, 그만 고등학교 입학시험에서 떨어지고 말았다. 시험에 떨어지고 앞으로 어찌 살아야 하나 고민하다가 후기 시험을 거쳐 '종합고등학교'에 입학하게 됐는데, 그때가 내게는 '코페르니쿠스적 전환'의 시기였다. 중학교 시절까지는 나를 중심으로 모든 세계가 움직인다고 생각했는데, 덜컥 시련에 부닥치고 나니 '나 따위' 하나도 중요하지 않다는 걸 깨달았다. 그때부터 공부는 적당히 하고 친구들과 어울려 다니기 시작했다. 내성적이었던 성격이 조금씩 외향적으로 바뀌었고, 방 안에 있는 것보다 밖에 나가서 운동하는 걸 더 좋아하게 됐다. 모든 게 나를 중심으로 움직인다고 생각하는 지구였다가, 천체를 항해하는 수많은 행성

중 하나인 지구가 된 것이다. 그때 시험에 떨어지지 않았다면 나는 훨씬 더 오랫동안 천동설을 믿고 있었을 것이다.

야광토끼의 1집 《Seoulight》를 깊이 사랑한 사람으로서 새로운 앨범 발매 소식을 듣고 조마조마했다. 야광토끼의 (앨범) 성격이 꽤 많이 바뀌었다는 소식을 미리 들어서—"야광토끼인데 밤에 안 보이게 된 거 아냐?"—, '소포모어 징크스'란 말이 괜히 있는 게 아니어서 불안불안했다. 첫 곡 〈비눗방울〉을 들으며 안심했고, 두 번째 곡 〈Plastic Heart〉를 들으며 변화의 조짐에 감탄했고, 세 번째 곡과 네 번째 곡 〈왕자님〉과 〈첫사랑〉을 들으며 달라진 모습에 환호했다. 그사이 야광토끼에게 어떤 일이 벌어졌는지 잘 모르겠지만(음악적 변화가 뮤지션의 변화는 아닐 수도 있지만) 완전히 다른 세계를 이토록 매력적으로 그려냈다는 게 놀라울 뿐이다.

목소리는 풍경이 되고

처음 만나는 사람에게 호감을 느끼는 경로는 다양하다. 얼굴이나 표정이 마음에 들 수도 있고, 몸매 때문일 수도 있고, 쉽게 알아차리기 힘든 사소한 동작에(예를 들면 머리카락을 쓸어 넘기는 손목의 각도가 아름답다든지) 매력을 느낄 수도 있다. 나의 경우는 '단어'와 '목소리'에 가장 민감한 것 같다. 같은 이야기를 하더라도 어떤 단어를 사용해서 어떻게 이야기를 전개하는가에 따라 호감도가 달라진다. 좋은 단어로 빚어진 경쾌한 이야기를 듣고 나면 말하는 사람의 목소리가 좋게 느껴진다.

좋은 목소리는 타고나는 게 아니라고 생각한다. 좋은 목청을 타고날 수는 있지만 좋은 목소리는 만들어지는 게 아닐까 싶다.

시간이 필요한 것이다. 수많은 대화 속에서 자신만의 단어를 골라내는 시간이 필요하고, 자신만의 음역을 찾아가는 시간이 필요한 것이다.

인간을 어딘가에 비유하는 걸 무척 싫어하지만 목소리에 대해 할 말이 많지 않은 관계로 인간을 (내 멋대로 지금 눈앞에 있는) 도자기에 비유해보자면, 도자기의 표면 굴곡은 외모에, 도자기의 내부 굴곡은 목소리에 비유할 수 있겠다. 세월이라는 원심력을 이용하여 뭉툭한 외모를 미끈하게 만들어나가듯 보이지 않는 내면의 목소리 역시 세월의 원심력으로 다듬어나가야 한다. 외모와 목소리의 두께가 일정해야 하고, 모든 면이 고루고루 균형 잡혀 있어야 한다. 나이가 더 들면, 쓸데없는 말을 다 버리고 (쓸데없는 비유도 하지 않고) 꼭 필요한 단어와 그 단어를 정확하게 발음할 수 있는 목소리만 남은 사람이었으면 좋겠다.

다큐멘터리에서 본 제주도 할머니의 단어 선택이 기억났다. 누군가를 설명하는 장면에서 "저 사람은 정신도 좋고, 성질도 좋아"라고 이야기하는데, 그 단어와 목소리가 귀를 거치지 않고 직접 가슴으로 전해져 왔다. 돌직구라고 해야 할까, 할머니의 목소리가 참 좋았다.

얼마 전 방심하고 이어폰으로 음악을 듣다가 한희정의 목소리에 깜짝 놀라고 말았다.(노래는 역시 방심하고 들어야 제맛!) 〈이 노래를 부탁해〉라는 곡이었는데 다른 악기가 전혀 등장하지 않고 한희정의 (여러 가지) 목소리로만 이뤄진 노래였다. 어디선가 새 소리처럼 작은 목소리가 날아와 노래를 시작하더니 시간이 흐를수록 한 겹 한 겹 다양한 목소리가 땅 위에 쌓였다. 목소리는 풍경이 되고 빛이 되고 그늘이 되고 리듬이 되고 이야기가 되었다. 아, 그래, 이런 게 목소리였지. 이렇게 아름답고 슬픈 것이었지. 한희정의 목소리를 처음 듣는 것 같은 기분이었다.

〈이 노래를 부탁해〉는 '일본군 위안부 피해 여성을 위한' 여성 음악인들의 컴필레이션 앨범 《이야기해주세요》에 들어 있는 곡인데, 전곡을 들어보길 권한다. 이 앨범에도 돌직구 같은 이야기가 수두룩하다.

텅 빈
가슴 안고

　데미안 라이스의 노래를 불렀던 〈슈퍼스타K〉의 예선전 때부터 로이킴을 점찍었던 사람으로서 지금의 인기가 반갑다. 오디션 프로그램에서 주목을 끌 만한 폭발적인 가창력은 없지만, 목소리가 좋아서 어떤 노래든 잘 소화해내는 것 같다. 〈슈퍼스타K〉의 결승전에 이르기까지의 베스트는 〈서울의 달〉이 아니었나 싶다. 〈서울의 달〉이 이렇게 달착지근한 노래였던가, 새삼 감탄했다.
　비슷한 시기에 〈서울의 달〉을 부른 또 한 명의 가수가 있다. 〈라디오스타〉에 출연해 오로지 김건모와 함께 작업하고 싶다는 절실한 마음으로 〈서울의 달〉을 부른 데프콘이다. 서울에서의 힘든 시절 얘기를 한참 하다가 〈서울의 달〉을 부르는데 음정은 어찌나

오락가락이고, 돼지 멱따는 소리는 얼마나 처절하던지. 아, 이런 것도 〈서울의 달〉의 또 다른 맛이구나 싶어 마음 한켠이 찡했다. 로이킴의 노래가 와인을 마시며 바라본 서울의 달이라면 데프콘의 노래는 소주를 두 병 정도 마시고 바라본 서울의 달이랄까. 원곡을 부른 김건모는 딱 중간 정도였던 것 같고……. 서울의 달 아래에서는 참 많은 사람들이 살아가고 있었다.

 '서울의 달'이라는 단어를 들으면 노래보다도 김운경의 드라마가 먼저 생각난다. 이른바 '본방 사수'를 하면서 본 첫 드라마가 〈서울의 달〉이었고, 홍식이와 춘섭이의 인생 드라마에 깊이 감화돼 드라마 작가가 되고 싶다는 생각을 했다.(최근에 케이블 텔레비전에서 다시 봤는데, 역시 재미있었다.) 아무리 우물을 파도 재능이 드러나지 않아 드라마 작가가 되는 길은 포기했지만, 드라마를 쓰는 게 얼마나 힘든 작업인지는 절실하게 깨달았다. 소설에서도 인물이 중요하지만 드라마는 인물로 시작해서 인물로 끝나는 장르다. 주인공이 어떤 사람인지 제대로 그리지 못하면 드라마는 실패로 끝날 확률이 높다. 드라마를 쓰기 위해서는 인물을 이해해야 하고, 그 인물에 공감해야 하고, 그 인물로 살아야 한다. 아집과 오기와 패기와 객기가 이상한 비율로 혼합 믹스돼 단단한 돌덩이 같았던 이십 대의 내가 누군가를 이해한다는 건 애초에 불가능했을 것이다. 지금도 좋은 드라마를 보고 나면 좋은 사람을 만난 것처럼 기분이 좋아진다.

 이야기의 본질은, 어쩌면 사람에 있는 것인지도 모르겠다. 우리가 드라마를 보고 소설을 읽고 연극을 보고 영화를 보고 수많은 이야기들을 찾아 헤매는 이유는 다른 사람을 이해하고 싶어서일 것이다. 다른 사람을 이해한다는 것은, 결국 자신을 이해하는 것이다. 자신을 이해해야 다른 사람도 이해할 수 있다. 사람들은 다 거울인 셈이다. 서울의 달 아래에서 각자의 노래를 부르고 있는 사람들은 '텅 빈 가슴 안고 살아가지만' 때로 서로의 거울이 되어, 함께 살아가고 있다.

예술을
취미로 하는 사람들

'좋아서 하는 밴드'라는 이름을 볼 때마다 (그들의 음악을 전혀 듣지 않았을 때도) 두 가지 생각이 동시에 들곤 했다. (1) 그래, 좋아서 하는 게 좋은 거지, 그래야 오래 할 수 있고. (2) 좋아서 하는 거라고 밝히는 건 완성도가 좀 떨어진다는 얘기 아니겠어? 비율로 따지자면 (1)의 생각이 훨씬 더 크지만 마음이 평화롭지 못할 때는 (2)의 마음으로 삐뚤어질 때가 있다.

좋아서 하는 게 완성도에 대한 면죄부가 될 수는 없는 거라고, 좋은 마음으로 나쁜 결과를 덮을 수는 없는 거라고 생각했다. 예술가는 의도로 말하는 사람이 아니라 작품으로 말하는 사람이고, 창작 과정으로 설득하는 사람이 아니라 논리적인(때로는 비

논리적인) 결과물로 누군가를 납득시키는 사람이다. 소설가든 영화감독이든 음악가든 화가든 '이번 작품은 정말 최선을 다해 온 힘을 다 쏟으며 진심으로 만들었으니 재미있게 봐주셨으면 좋겠다'고 말하는 모습을 보면 나도 모르게 고개를 돌리게 된다.

나 역시 글 쓰는 사람이니까 그렇게 말하는 심정은 이해하고도 남는다. 실은 나도 그런 말을 한 적이 있다. 쓰는 내내 힘들었으니까. 과정이 고통스러웠으니까, 때로는 기쁘기도 했고 짜릿한 순간도 있었지만 결과를 향해 나아가는 시간 내내 피를 말렸으니까. 그런 생각이 들면 아마추어로 돌아가서 예술을 대하고 싶어질 때가 있다. 브루노 무나리의 말을 되새긴다.

"예술을 취미로 하는 사람들도 있습니다. 그들은 자기가 하는 작업이 이미 누군가 시도한 것인지 알아보려고 걱정하지도 않고 또는 자신의 발견을 다른 이에게 알리려고 안달하지도 않으면서 기분 내키는 대로 그리거나 조각합니다. 그들은 자기 자신이나 몇몇 친구를 위해 작업하며 그 결과물에 대해 걱정할 필요가 없다 보니 항상 만족스러워 합니다. 프로이트가 말했듯이 예술이 하나의 위안이 되는 것이지요."

맞아, 내가 하려고 했던 게 이런 거였지. 이런 마음으로 뭔가를 쓰고 그리고 만들다가 여기까지 오게 된 거지. 마음을 다잡게 된다. '좋아서 하는 밴드'라는 이름 역시 그렇게 마음을 다잡는 의미일 수도 있겠다. 좋아서 하는 밴드의 첫 번째 정규 앨범《우리가 계절이라면》을 들으면서 많은 생각이 들었지만, 이들이 정말 재미있는 음악을 하고 싶어한다는 것은 확실히 느낄 수 있었다. 그중에서도 나는 〈네가 오던 밤〉이라는 노래가 제일 좋았다. 〈네가 오던 밤〉은 앨범의 다른 곡과는 달리 '아마추어리즘'이 폴폴 풍기는 단출한 곡인데, 듣는 내내 마음이 흔들렸다. 동네 오빠가 기분 내키는 대로 흥얼거리는 듯한 보컬도 좋고, 후렴구를 (부를 자신이 없었는지) 피아노로 대체해버린 곡 구성도 마음에 들었다. 좋아서 하는 밴드는 앞으로 어떤 뮤지션들이 될까. 나중에 자신들이 지은 밴드명을 싫어하게 될까, 언제까지나 좋아서 하게 될까. 그들의 미래가 궁금하다.

생각의
가을

 소설 쓰는 윤 작가께서 노래 한 곡을 추천해주셨다. 여름에 비가 내릴 때마다 '생각의 여름'의 노래 〈안녕〉을 열심히 들었다고 한다. 비 오는 하루 종일 〈안녕〉을 반복해서 들은 적도 있다고 한다. 집에 돌아와서 들어보니, 아니나 다를까 비와 잘 어울리는 노래였다. 창밖으로는 비가 쏟아지고 빗방울이 유리창을 불규칙적으로 두드리고, 저 먼 곳에서 천둥소리 같은 게 들리는 밤에 이 노래를 들었다면 마음이 싱숭생숭하고 꽤 슬펐을 것 같다. 슬퍼서 좋았을 것 같다. 그래서 가버린 여름이 아쉬운가 하면, 그렇지는 않다. 지난여름은 정말 지긋지긋했기 때문에, "네가 그렇게 비 오는 날 〈안녕〉을 듣길 원한다면 여름을 다시 데려와줄게"라고 누가 얘기한다면, 코를 '뻥' 때려줄 거다. 됐어! 됐다고!

〈안녕〉의 마지막 가사는 "보내도 가지 않는 시절이여, 안녕"이다. 다른 때 들었다면 슬픈 가사라고 생각했겠지만 지난여름이 어찌나 지긋지긋했던지 "보내도 가지 않던 여름이여, 안녕"이라며 밝은 가사로 바꿔 부르곤 했다. 뒤에 이런 가사도 덧붙여보았다. 보내도 가지 않던 계절이여, 간 줄 알고 돌아보면 그 자리에 또 있던 계절이여, 안녕.

여름이 가고 가을이 되었다. 가을은 독서의 계절이 아니라 음악의 계절이다. 가을엔 (책 따위에) 눈을 뺏겨서는 안 된다. 자연의 모든 색이 얼마나 아름다운데, 밤이 오기 전의 노을처럼 곧 겨울이 되어 색을 잃어버릴 많은 것들이 얼마나 처절하게 자기 빛을 발하고 있는데, 하늘은 얼마나 파랗고 나무들은 얼마나 선명한데, 책 같은 거 보지 말고 두 눈 똑바로 뜨고 이 가을을 보아야 한다.(책을 꼭 봐야겠다면 김중혁의 책을 수줍게 추천해본다. 김중혁의 책을 읽다 보면 곧 하늘을 보게 될 것이라고 수줍게 주장해본다.)

모든 음악은 가을이 되면 실용음악이 된다. '실용음악학과'라는 학과 이름을 들을 때마다 참 기묘하다는 생각을 하곤 했는데 (그럼 뭐야, 실용음악의 반대는 무용음악인가?), 가을이 되면 실용음악이 무슨 뜻인지 알 것 같다. 음악은 귓속으로 들어와 가을의 모든 빛을 더욱 풍요롭게 만든다. 음악을 들으며 풍경을 바라보면 빨래 세제 광고처럼 '흰색은 더욱 희게, 색깔은 선명하게' 보인다. 보내도 가지 않던 여름이 가고, 보내고 싶지 않은 가을이 왔다. 바람이 완전, 음악이다.

겨
울

그래도 겨울, 겨울, 나만의 계절

감기가 오래간다. 벌써 4주째다.(곳곳에서 "나도요, 나도요" 하는 소리가 들리는 듯.) 이번 감기는 집세 밀린 주제에 매일 시끄럽게 파티를 벌이는 눈치 없는 세입자처럼 뻔뻔한 구석이 있는 것 같다. 나갈 듯 나갈 듯 나가지 않는다. 나을 듯 나을 듯 낫지 않는다. 푹 자고 일어나서 다 나았나 싶으면 슬금슬금 다시 기어들어온다.(4주 동안 엄살도 발전해서 감기의 증세로만 이 지면을 가득 채우고 싶지만, 참겠다.)

4주 동안 감기와 함께 지냈더니 이제는 감기 걸린 몸에 익숙해졌다. 코는 맹맹하고 목은 살짝 따끔거리고, 전반적으로 온몸에 힘이 없으며 가끔 머리가 아프다. 가래도 끓고, 눈알도 아프고,

잠이 자주 오(는 건 원래 그랬던 건지도 모르)고, 버스나 기차의 히터 옆에만 가면 건조함 때문에 입술이 바짝 마른다.

  독감에 걸려 심하게 앓고 있는 분들에겐 미안한 소리지만, 때로는 감기 걸린 나른한 몸이 좋기도 하다. '자, 힘차게 시작해보는 거야'라는 마음을 먹는 건 아무래도 벅차기 때문에 대체로 앉아 있거나, 어딘가에 기대거나, 누워 있는다. 운동을 하기도 힘든 몸이기 때문에(휴식이 최고의 약이라지요!) 음악을 듣거나 책을 읽거나 영화를 보거나, 잔다. 감기가 걸렸는데도 꼬박꼬박 회사에 나가야 하는 분들에겐 미안한 소리지만, (감기)약기운이 몽롱한 상태에서 잠깐 잠이 드는 오후 4시의 나른함이란, 1년에 한 번만 맛볼 수 있는 별미 같기도 하다.

  빨리 감기가 낫길 바란다. 집세 내지 않는 세입자를 몰아낸 다음, 먼지떨이로 탈탈 털어 봄맞이 온몸 대청소도 하고, 힘차게 달리기도 하고 바쁘게 살고 싶다. 그런데, 한편으론 감기가 나으면 겨울이 갈 것 같아서 아쉬운 마음도 든다. 아, 다시 겨울이 오려면 한참 멀었는데, 보내기 아쉽다. 겨울 내내 감기에 걸려 있다 해도 나는 겨울이 좋다. 눈이 오고, 공기에 입김이 스며들고, 유리창은 차갑고, 열린 문틈 사이로 바람이 세차게 불어들고, 따끈한 커피와 음악이 있는 그런 겨울을 어떻게 좋아하지 않을 수 있나.

음악을 들으며 책을 읽고 있으면 감기 걸린 몸이 둥둥 떠다닌다.

로지피피의 신보 《Romantica》는 겨울에 듣기 딱 좋은 노래들로 가득하다. 따뜻하지만 건조하지 않다. 물 적신 수건이 어딘가에 걸려 있는 것 같다. 수록곡 중 〈낭만의 계절〉을 듣다가 깜짝 놀랐다. 겨울을 노래하는 평범한 가사라고 생각했는데, 난데없는 단어들이 귀를 때렸다. 로지피피의 달콤한 목소리로 이런 단어들을 듣게 될 줄 몰랐다. "인후염 편도염 수족냉증 / 열감기 우울증 모두 다 내 친구 / 오 그래도 겨울 겨울 낭만의 계절." 이것은 마치 감기에 걸린 사람들이 커피를 마시면서 자신의 노래를 들을 줄 알았다는 듯한 예지의 노래가 아닌가. 예, 저도 로지피피와 생각이 거의 비슷합니다. 감기에 걸려도, 목이 아파도, 조금 우울해도, 그래도 겨울, 겨울, 나만의 계절.

중력을 느낀다

 유독 마음을 움직이는 이야기들이 있다. 혈혈단신으로 버려진 한 사람이 거친 세상을 뚫고 나가는 이야기만 읽으면, 나는 울컥한다. 아버지나 어머니나 가족 누군가를 찾으러 떠났다가 우연히 만난 사람들과 신나게 노는 이야기를 읽으면, 흐뭇해진다. 각지에 흩어져 있던 사람들이 자신들의 입장을 버리고 정의를 위해 뭉치는 이야기를 읽으면, 가슴이 두근거린다. 그런 이야기들을 읽고 나면 묵직한 무언가 나를 내리누르는 걸 느낀다. 아, 이런 사람들과 함께 살아가고 있었구나. 이것이 인간들의 이야기구나. 이를테면 이야기를 통해 중력을 느끼는 것이다. 이야기가 있어서 저기 하늘 위보다 이 땅이 좋은 것이다. 저 세상에도 이야기가 있을까.

다른 사람들은 어떤 이야기에 마음이 움직일까.

이야기만 그런 게 아니라 유독 마음을 움직이는 소리도 있다. 이상하게 첼로 소리만 들으면 마음이 바닥에 찰싹 달라붙는다. 생각이 공상의 날개를 달고 하늘을 떠다니다가도, 다른 차원이나 우주에 가 있다가도 첼로 소리만 들으면 갑자기 땅의 진동이 느껴지는 것 같고, 머리 위로 지구의 회전이 보이는 것만 같다. 첼로 줄의 묵직한 떨림이 상처를 뒤흔드는 것 같다. 음악을 듣다가도 첼로 소리만 나오면 아련해지고, 먹먹해지고 만다. 나만 그런가? 다른 사람들은 어떤 소리에 마음이 움직일까.

우리는 대체로 중력을 잊고 산다. 물건을 떨어뜨릴 때도, 엘리베이터를 타고 위로 오를 때도, 고층 빌딩에서 아래를 내려다보며 현기증을 느낄 때도, 우리가 중력의 법칙을 받는 사람들이란 걸, 어쩔 수 없이 떨어지고 마는 사람들이라는 걸 잊고 산다. 그러다 문득 이렇게 이야기를 읽고, 노래를 듣고, 사람들의 사연을 듣다가 중력을 느낀다. 그럴 땐 비참하기도 하지만 속 시원해지기도 한다. 우리가 결국 우리라는 사실, 다른 무엇이 될 수 없고, 언젠가 여기에서 사라진다는 사실. 중력을 느낀다는 건 그런 사실을 깨닫는 일이다.

넬의 노래 〈Holding onto Gravity〉를 듣다가 그런 중력을 느꼈다. 시작 부분, 첼로 소리가 등장할 때부터 마음이 흔들렸고, 드럼이 가세하며 리듬이 빨라지자 심장이 뛰기 시작했다. 〈Holding onto Gravity〉는 넬의 그 어떤 곡보다 소리의 배치가 탁월한 노래였다. 첼로는 바닥으로 스몄고, 피아노는 천천히 걸었고, 드럼과 기타는 앞질러 뛰어나갔다. 세 개의 층위가 결합하자 중력이 느껴졌다. 공간이 생겼고, 무게가 생겼다. 노래가 나를 날아가지 못하게 붙들었다. 노래의 가사처럼 "공기의 무게가 느껴지는 것 같고 / 세상 그 모든 중력이 온통 내게만 머무는 것 같"다. 날아가고 싶지만 우리는 어떻게든 여기서 그리워하고, 가련해하고, 괴로워하며 살아갈 수밖에 없다. 우리는 이 공기의 무게를 안고 살아야 한다. 이야기와 첼로가 있어서, 비슷한 무게를 끌어안고 함께 살아가는 사람들이 있어서 그래도 버틸 수 있다.

허공이야말로
우리들의 고향

평생 잊지 못하는 공연이 있다. 꿈에서 그리던 아티스트의 공연이어서 그럴 수도 있고, 공연을 함께 본 사람 때문에 그랬을 수도 있고, 너무 힘든 공연이어서 그럴 수도 있다. 모두들 그렇게, 인생을 따라다니는 공연이 하나씩은 있게 마련이다. 나에게는 런던에서 본 시우르 로스시규어 로스의 공연이 그랬다. 주변에 시우르 로스를 좋아하는 사람이 많아서 "런던에서 시우르 로스 공연을 본 적이 있어요"라는 말을 하면, 모두들 한결같은 반응을 보인다. 일단 "우와, 너무 좋았겠네요"라고 부러워 한 후, "그래서 재미있었어요?"라고 궁금해한다. 결론부터 말하자면, 아주 좋긴 했는데 재미있지는 않았다.

시우르 로스를 많이 좋아하지는 않았다. 자주 듣는 몇 곡이 있긴 했지만 앨범 전체를 좋아한 적은 없었던 것 같고, 한없이 아래로 가라앉거나 우주를 배회하는 사운드스케이프가 버겁게 느껴진 적이 많았다. 시우르 로스의 음악을 들을 때면 언제나 내가 한없이 작게 느껴지고 티끌로 변하는 것 같은 기분이 들었다. 먼지로 변해서 어디론가 멀리 날아가버릴 것만 같았다. 런던에서 그들의 공연을 보기로 마음먹은 것은 그곳이 한국이 아니기 때문이었다. 런던의 우중충한 날씨와 뼛속 깊이 파고드는 습기와 시우르 로스의 음악이 잘 어울릴 것 같았다. 런던에서라면, 나 따위 어디로 날아가든 상관없을 것 같았다.

공연장은 넓었다. 이름이 기억나지 않아서 정확히 어느 정도 규모의 공연장이었는지는 확인할 길이 없지만 내 기억으로는 수천 명이(수만 명이었는지도) 꽉 들어차 있지 않았나 싶었다. 서 있기 힘들었고, 앉아 있을 자리도 없었다. 아, 시우르 로스가 이렇게 유명한 밴드였나. 나는 앞쪽에서 사람들 사이에 끼어 음악을 듣다가 수많은 사람들의 압박을 이기지 못하고 점점 뒤로 밀려났다. 멤버들의 얼굴도 제대로 보이지 않는 곳까지 밀려나서 벽에 기댄 채 음악을 들었다. 조금 지나서는 공연장 로비로 나가 맥주를 마시며 시우르 로스의 음악을 들었다. 이대로 자꾸 밀려나서는 티끌이 되어 공연장 밖으로 날아가버릴지도 몰랐다. 런던의 공연장까지 와서 얼굴을 보지 않고 로비에서 라이브를 듣다니, 시디로 음악을 듣는 것과 무슨 차이가 있단 말인가. 다시 힘을 내서 공연장으로 들어갔을 때 공연은 절정으로 치닫고 있었다.

공연장은 지구의 장소 같지 않았다. 커다란 공이 천장에서 떨어지더니 무대를 가득 메웠고, 수많은 공이 관객석으로 튀었다. 장관이었다. 진공상태인 우주에서 시우르 로스의 음악을 듣고 있는 것 같았다. 음악이 공에 실려 허공을 떠다니는 것 같고, 공은 음악에 맞춰 튀어오르는 것 같았다. 공은 기포처럼 공간을 떠다녔다. 그 후로는 시우르 로스의 음악을 들을 때마다 그 장면이 떠오른다.

음악은 눈에 보이지 않는다. 만약 음악을 눈으로 볼 수 있었다면 어땠을까. 음표들이 허공에 떠다니고, 박자가 표시되고, 작곡자들이 그리고자 했던 이미지가 3D 입체 영상으로 나타나고, 선율이 그래프로 표시된다면 어땠을까. 그건 그 나름대로 재미있는 예술 장르가 될 수도 있었을 테지만, 눈에 보이지 않아서 우리는 더 많이 상상할 수 있다. 눈에 보이지 않는 음악을 들으면서 우리는 형상들을 떠올린다. 똑같은 노래를 들으면서 모두 다른 형상을 떠올린다.

공연장에서 음악과 함께 영상을 보여주는 브이제잉Vjing은, 그런 의미에서 무모한 시도일 수 있다.(브이제잉이 생소한 분들을 위해, '브이제이'라는 단어만 들으면 '특공대'가 자동 연상되는 분들을 위해 잠깐 소개하자면, 뮤지션의 음악을 자신만의 영상으로 해석하여 뮤지션과 함께 공연을 하는 사람들이 바로 브이제이들이다.) 영상이 음악을 방해하지 않을 수 있을까. 수만 가지 이미지의 음악을 단 한 가지 영상으로 대신할 수 있을까.

2005년. 브이제잉을 처음 접했을 때 나는 도무지 적응하기가 힘들었다. 그때 본 브이제이 파펑크Parpunk와 노브레인의 공연은 이루 말할 수 없이 신났다. 노브레인의 연주 뒤로 수많은 텍스트와 영상이 조명 역할을 했고, 이미지와 음표가 함께 춤을 추었다. 멋졌지만 어쩐지 어색했다. 영상이 뮤지션의 음악을 방해하고 있다는 느낌이랄까. 너무 많은 정보를 준다는 기분이랄까. 그로부터 많은 시간이 지났다.

파펑크가 그후로 만든 뷰직Viewsic이라는 브이제이 팀과 이승열과 카입Kayip이 함께 펼치는 공연을 보러 갔다. 이승열과 카입의 공연을 보면서 나는 시우르 로스를 다시 떠올렸다.

두 사람이 함께 공연을 펼친다는 이야기를 듣고 지레짐작한 풍경이 있었다. 카입이 공연을 시작하고 분위기가 무르익을 때쯤 이승열이 자연스럽게 등장해 3집에 있는 곡들을 부른다.(카입은 이승열의 앨범을 프로듀싱했고, 이승열은 카입의 곡에 피처링했다. 2011년에 발표한 두 사람의 앨범 모두 최고다!) 이승열의 노래로 공연은 절정을 향해 달려가고, 뷰직 팀의 영상이 관객을 압도한다. 사람들은 이승열의 노래와 목소리에 감탄하며 집으로 돌아간다. 이것 말고 더 좋은 시나리오가 있겠어? 없지? 간편한 예측이었다. 공연은 예상에서 많이 빗나갔고, 한번 빗나가기 시작한 공연은 절대 예상으로 되돌아오지 않았다.

가장 큰 반전은 이승열의 무대였다. 이승열은 무대 앞에 쳐진 얇은 막 뒤에 숨어서 나타나지 않았다. 이승열은 숨고 이승열의 목소리만 악기가 되어 공연에 참가했다. 관객들은 이승열이 기타를 메고 앞으로 뛰쳐나와 노래를 부를 것이라 예상했지만 이승열은 공연 끝까지 자리에서 일어나지 않았다. 디근 자로 만들어진 무대 앞 하얀 천에는 정체를 알 수 없는 형체들이 부유했고, 카입의 사운드스케이프와 이승열의 목소리가 서로 부딪치더니 어떤 것은 비트가 되고 어떤 것은 선율이 되고 또 어떤 것은 티끌이 되었다. 한 장의 추상화를 보는 기분이었다. 음악은 선명한 멜로디를 드러내지 않고, 영상은 구체적인 형상을 보여주지 않았다. 영상과 소리와 음악이 하나의 거대한 덩어리가 되더니 괴생물

체처럼 점점 부피를 키워나갔다.

가끔 어질어질할 정도로 현재와 현존을 알 수 없는 공연이었다. 정신줄을 놓고 있다가 '엇, 여기가 어디지?' 싶은 순간이 많았다.(그래, 여기는 진짜 어디일까?) 내가 런던의 시우르 로스 공연장에서 느꼈던 것도 바로 이런 기분이었다. 그때도 소리들이 나를 어디론가 데려가곤 했다. 땅은 그렇게 중요한 게 아니라고, 국경이란 의미 없는 것이고 허공이야말로 우리의 고향이라고, 소리가 나에게 속삭이곤 했다. 나는 날아가다가 자꾸 땅을 내려다보았다.(이 공연의 가장 큰 문제점은 '스탠딩'이었다. 만약 앉아서 보았더라면 땅을 내려다볼 일이 적었을 것이다. 소리는 추상인데 내 몸은 '완전 리얼'인 거지.)

예술이 반드시 무엇인가를 비유하고 상징하는 것은 아니다. 늘 현실을 드러내는 것은 아니다. 소리와 형체는 그 자체로 아름답고, 미완성인 자체로 이미 완성된 것이다. 우리는 구체적이고 알기 쉬운 멜로디와 알아볼 수 있는 혹은 알아보기 쉬운 형체에 너무 익숙해져 있다. 그건 그 나름대로 의미가 있겠지만 그렇게 계속 살다 보면 눈과 귀가 퇴화하고 말 것이다. 카입과 이승열의 공연은 보기 좋게 관객들의 뒤통수를 후려쳤다. 나는 기분 좋게 얻어맞고 뻗었다. 허리도 아팠고, 정신도 혼미했다.

블랙베리를 좋아했던 가장 큰 이유는
외부 스피커 때문이었다.
블랙베리로 자주 음악을 들었다.
전화가 올 때면 벨소리가 너무 명징해서
음악을 감상하고 싶을 정도였다.
한동안 전화를 늦게 받던 시절이 있었다.

내가 왜
나였는지

어린 시절부터 심각한 야행성이었다. 오후와 저녁 내내 멍하니 지내다가도 자정을 넘기면 눈빛이 날카롭게 변하고 손끝의 감각이 되살아나면서, 밤의 괴물로 변신했다. 밤의 괴물이 되어서도 하는 일은 별로 없다. 밖으로 나가서 누군가를 물어뜯거나 하는 일은 없고, 방에 혼자 앉아 손톱을 물어뜯으며 수선스럽게 이런저런 일들을 한다. 음악을 듣다가 책을 보다가 글을 쓰다가 누군가를 생각하다가 문득 시계를 보면, 어이쿠, 벌써 새벽 6시야? 서둘러 잠을 잔다. 대학 때는 심각한 야행성이어서 오전 수업은 거의 다 빼먹었고, 군에 있을 때조차 야행성이었고, 회사에 다닐 때도 야행성이었다.

사람들과 이야기를 나누다 나 같은 야행성 괴물이 많다는 걸 알게 됐다. 이 괴물들은 밤만 되면 초능력을 발휘한다는 공통점이 있었다. 도저히 쓸 수 없는 분량의 글을 순식간에 써내며, 평소에는 들을 수 없는 음악 속 미세한 소리들을 잡아채며, 사소한 일들에 대해 깊이 생각할 수 있는 능력이 생겨난다. 밤만 되면 스스로가 어쩐지 진화한 인간같이 느껴질 정도다. 물론 오후 1시쯤 잠에서 깨어나 머리를 쥐어박으며 이런 잠벌레 같은 인간이 다 있나 자학하고, 헐크에서 브루스 배너로 돌아오고 말지만 말이다.

요즘은 여러 가지 이유로 일찍 잠들려고 노력하는 편이다. 일단 체력이 좀 모자란다. 새벽 4시가 넘으면 손끝이 떨리고 집중력이 급격하게 떨어진다. 내 참, 초능력을 얻으려면 체력이 필요하다니, 뭐 이런 경우가 다 있나. 또 다른 이유는 초능력을 버리고 평범한 인간으로 살고 싶어서다. 초능력에 의지하는 대신 시끄럽고 환한 대낮에 어떻게든 집중하려 애쓰고, 사람들과 사이좋게 잘 살아보려고 노력하고 싶어서다. 가끔 급한 일이 있을 때면 밤의 초능력에 기대기도 하지만, 되도록이면 피하려고 애쓴다.

오늘은 나처럼 밤의 초능력을 숨긴 채 평범하게 살아가는 사람들에게 좋은 약을 하나 소개하고자 한다. 햇볕 강한 한낮에도 이 노래만 들으면 손끝의 감각이 살아나며 온갖 상념에 휩싸이게 되고, 갑자기 옛날 생각나고, 들리지 않던 소리들도 크게 들린다. '푸른새벽'의 신보 《Blue Christmas》에 들어 있는 노래 〈깊고 고요한 밤〉이 그 약이다. 밤의 숨결을 긁어내리는 듯한 스네어 소리와 한희정의 잠꼬대 같은 목소리를 듣고 나면 도무지 낮이 낮 같지 않다. 온 세상이 "밤의 불빛으로 온 세상이 빠져나간 밤"으로 바뀐다. 주위의 모든 불이 사라지는 깊고 고요한 밤. 밤의 한가운데로 빠져든다. 왜 밤은 깊을까. 어째서 넓지 않고 깊은 것일까. 노래를 듣다 보면 알게 된다. 푸른 바다 속 적막하고 고요하고 먹먹한 침묵 속으로 가라앉는 마음을 보게 된다. 거긴 깊다. 깊어서 좁지만 아늑하다. 몸을 웅크린 채 나에게 집중하고, 내가 왜 나였는지 알게 된다. 내가 왜 나였는지 아는 것, 내가 어떤 나인지 아는 것, 그게 진정한 밤의 초능력이다. 노래를 다 듣고 정신을 차려보면, 어느새 푸른 새벽이다.

제법
잘 늙고 있죠?

 오래전 일을 잘 기억하는 사람들을 보면 놀라울 때가 많다. 도대체 그들의 뇌는 어떻게 생겨먹었길래 그토록 사소한 일들을 기억해낼 수 있는가. 불가사의하다. 그들의 뇌에는 커다란 서랍장이 들어 있는 것인지도 모른다. 서랍장 안에는 연도별로 분류된 서류 봉투가 들어 있고, 서류 봉투 속에는 월별 사건일지 파일이 들어 있고, 파일 앞에는 중요한 키워드가 적혀 있을 것 같다. "1997년에 넌 뭘 했어?"라고 누군가 물어오면, 뇌 속의 로봇 손이 "위이이잉" 하고 움직이며 서랍을 열고 봉투 속에 있는 파일을 집어 와서 읽어주는 것이다.(음, 너무 복잡한가?)
 드라마(라고 해야 하나, 시트콤이라고 해야 하나) 〈응답하라

1997〉을 재미있게 보았다. 드라마 속에다 1997년 즈음의 일상을 오밀조밀하고 철두철미하게 복원해놓았(다고 하)는데, 솔직히 나는 그게 얼마나 싱크로율이 높은지 알지 못한다. '아, 맞아, 저게 1997년에 나왔지'라는 건 전혀 알지 못하고 '아, 옛날엔 저런 게 있었지' 정도까지만 알 뿐이다. 윤제가 노래방에서 부르는 사준의 〈Memories〉도 그즈음 히트한 곡이었던가, 『이나중 탁구부』가 저때(나는 한참 후에 보았다) 유행했던가. 1997년이 제목에 들어가고, 1997년의 많은 문화가 드라마 속에 숨어 있지만 1997년이 중요한 것은 아니다. 대중문화가 폭발한 시기이고, IMF가 터진 해이고, 커다란 변화가 시작된 해이긴 하지만 1997년은 일종의 상징일 수도 있다.

누구에게나 삶의 경계선이 되는 해, 평생 잊지 못하는 해, 돌아오지 못할 강을 건너는 기분으로 보내는 해가 있다. 윤제와 시원이에게는 그게 1997년이었을 것이고, 나에게는 1989년이었다. 1989년이라고 하니 벌써 아득해진다. 고등학교를 졸업하고 대학에 입학하기 직전의 순간, 대학에 들어가서 뭐가 뭔지도 모르고 선배들을 쫓아다녔던 순간, 나라는 어수선하고 내 마음도 어수선했던 순간, 누군가를 사랑하고 싶은데 누굴 사랑해야 할지 알 수 없었던 순간, 문득 내가 어른이 된 것 같다고 생각했던 순간,

다음 날 아침 일어나 보면 스스로가 아이처럼 느껴졌던 순간. 그 모든 시간들이 1989년에 있었다. 다른 과거는 잘 기억하지 못하면서도 1989년만큼은 잘 기억난다. 그해는 무척 길게 느껴졌다. 어떻게 그 모든 일들이 한 해 동안 일어난 걸까 싶게 많은 일들이 있었다. 〈응답하라 1997〉을 보면서 마음이 짠한 것도 윤제와 시원이가 그 시간을 통과하고 있다는 걸 알기 때문이다.

현재의 우리가 과거의 우리를 만날 수 있다면 어떤 이야기를 해주고 싶을까. 과거의 우리가 응답할 수 있다면 미래의 우리에게 어떤 말을 해주고 싶을까. "1989년에 나가 있는 20세 김중혁 통신원, 응답하세요." "네, 잘 들립니다. 43세 김중혁 씨, 2013년에 저는 어떤 사람이 되어 있나요?" "음, 음, 뭐랄까, 그러니까……." "별로인가 보네요." "아니에요. 제법 잘 늙고 있다고 생각해요." "그렇다면 다행이고요." "거긴 어때요? 스무 살, 힘들죠?" "여기도 잘 버티고 있다고 생각해요." "그렇다면 다행이네요. 우리 힘내요." "그래요."

비효율적인
짐 싸기

요즘엔 어쩐 일로 여행이 잦다. 산만 한 덩치로 비행기를 타야 하는 것도 고역이지만 여행 준비를 하면서 짐을 싸는 일도 매번 어렵다. 짐을 싸는 건 여행 중에 어떤 일이 생길지 미리 예측하는 일이라서 수많은 변수를 고려해야 하는데 그런 쪽으로는 머리가 잘 돌아가지 않는다. 소설가라면 머릿속으로 상황을 그려보는 일에 도가 텄을 법도 한데 소설과 현실의 상상은 무척 다른 모양이다. 여행 중에 아프면 어떡하나, 일회용 면도기가 없는 곳도 있지 않을까, 책을 읽을 시간이 있을까, 이어폰과 헤드폰 중에는 어떤 게 나을까, 비행기에서는 헤드폰이 낫지만 공간을 많이 차지하는데, 라는 생각을 하고 있다 보면 머리가 어질어질하다. 다들고 갈 수도 없고, 안 들고 갈 수도 없다. 여행 고수들은 최소한의 짐을 꾸리는 일에 익숙하다는데, 고수로 가는 길은 멀고도 험난하다.

　여행을 마치고 한국으로 돌아오기 전날, 최후의 가방을 꾸리면서 짐 싸기의 효율을 평가해본다. 한 번도 쓰지 않은 것들이 꼭 있다. 들고 갔지만 읽지 않은 책이 있고, 챙겨 갔지만 쓰지 않은 약들이 있고(이건 다행이고), 꾸역꾸역 넣었지만 한 번도 입지 않은 스웨터가 있고, 넉넉하게 준비해 간 탓에 입지 않은 속옷이 있다. 비효율적인 짐 싸기다. 트렁크 속에 한 번도 쓰지 않은 물건들을 다시 넣다 보면 효율이 꼭 좋은 것만은 아닐지도 모른다는 생각도 든다. 입지 않은 스웨터, 입지 않은 속옷, 보지 않은 책도 트렁크에 필요하다. 사무실에 아무 일도 하지 않는 사람이 한 명씩 꼭 있듯, 예비 명단에 포함되어 긴 여행길에 오르지만 잔디도 밟아보지 못하고 돌아오는 선수들이 있듯, 전자 제품과 함께 들어 있는 수많은 전원 어댑터 중 한 번도 쓰지 않고 버리는 종류의 것이 있듯, 때로는 부피를 줄일 수 없는 일들이 있게 마련이다. 짐이 커지는 불편을 감수하더라도 포기하지 말아야 할 것들이 있게 마련이다.

　이번 여행길에는 음악을 거의 챙기지 않았다. 음악을 들을 만한 시간이 많지 않을 것 같았다. 스케줄을 보면 대충 안다. 전부터 들었던 음악을 다시 들어도 충분할 것이다. 예상이 맞았고, 벤 폴즈의 신보를 잠깐 들었을 뿐 다른 음악은 거의 듣지 않았다. 딱 하나 챙겨간 신보가 '캐스커'였다. 제목이 《여정》인 데다 주위에서 좋다는 얘기를 많이 해서 여행길에 들으면 좋을 것 같았는데, 마음 편하게 음악을 듣고 있을 시간이 거의 없었다. 캐스커의 멜로디를 좋아하고, 언제나 즐길 준비가 되어 있었는데……. 쓸데없이 들고 온 물건들을 다시 가방에 넣고, 쓰지 못한 물건들을 다시 가방에 넣고, 입지 않은 새 옷을 다시 접어서 가방에 넣고, 돌아가는 비행기를 기다리고 있다. 막 첫 번째 노래 〈Intro〉가 이어폰에서 흘러나온다. 역시 융진의 목소리는 좋군. 음, 시작이 좋다. 다음 곡은 〈The Healing Song〉. 제목은 별로지만 캐스커답게 달리기 시작한다. 그래, 비행기를 기다리면서, 달려보자.

CD를 사면 아이맥으로 음악을 듣는다.
아이튠스로 음악을 뽑아낸 다음
아이팟과 아이폰에 담는다.
어떤 기기로 음악을 듣든
중요한 걸 잊지 않으려고 한다.
음악을 만든 사람들의 시간을
잊지 않으려고 한다.

나와 별로 다르지 않을
당신들

 페퍼톤스의 《Open Run》 재킷을 한참 들여다본 후에야 그 이미지가 비행운이라는 걸 알았다. 컴퓨터 그래픽인지 실제 사진과 배경을 합친 것인지 알 수 없지만, 어둠 속의 비행운을 한참 동안 보고 있자니 현실에서 그런 장면을 보고 싶었다. (불가능하겠지만) 완벽한 어둠 속에 누워서 뭉게뭉게 피어나는 하얀 비행운을 한 번쯤 보고 싶었다. 앨범 속 노래처럼 〈검은 우주〉를 만난 것 같은 기분이겠지. 마음에 꼭 드는 앨범 재킷이다. 소설가 김애란 씨의 소설집 『비행운』의 표지였어도 무척 좋았겠다.
 예전에는 (돈이 무척 많았는지) 앨범 재킷만 보고 시디를 고른 적도 많았다. 재킷의 이미지와 폰트를 선택하는 감각만 봐도 어떤 종류의 음악을 하고 얼마나 음악을 잘하는지 알 수 있을 거라고 생각한 적이 있었다. 자주 성공했지만 가끔 실패한 시디들이 지금 음반장 한구석에 방치돼 있다. 요즘은 그러지 않는다. 그렇게 무모하지 않다.

무모하던 시절에 페퍼톤스의 《Open Run》 앨범을 만났다면 어땠을까. 페퍼톤스를 전혀 모르는 상황이었다면 어떤 음악을 상상했을까. 《Open Run》의 앨범 재킷을 보자마자 마그네틱 필즈의 《The Charm of the Highway Strip》(검은 바탕 한가운데 노란 차선만 그려진 디자인이다)을 떠올렸는데, 마그네틱 필즈처럼 묵직하게 질주하는 음악, 어둡지만 리드미컬한 음악을 상상했을 것 같다. 어쨌거나 두 앨범 모두 훌륭한 디자인이라고 생각한다. 한쪽은 노란색 차선만으로 한밤의 고속도로를 떠올리게 했고, 한쪽은 하얀 비행운으로 검은 우주를 상상하게 했다.

음반의 경우엔 어떤지 모르겠지만 책을 만들 때는 모든 작업이 다 끝난 후에 마지막으로 표지를 선택하는 경우가 많다. 내가 쓴 이야기들로 이뤄진 글자들을 빨래 개듯 차곡차곡 쌓아놓고, 작가의 말도 모두 끝낸 다음, 표지를 고른다. 여러 개의 표지 시안 중에서 하나를 선택하고 나면 마음이 콩닥콩닥 뛴다. 아, 이번에는 또 얼마나 많은 사람들이 내 책을 살까. 50만 명? 70만 명?

아니, 이번 소설은 무척 좋으니 100만 명? 아니, 꿈 깨. 그런 생각을 하다가 다시 꿈을 꾸는데, 표지란 서점에 깔릴 내 소설을 더 잘 보이게 해서 더 많이 팔려고 만드는 게 아니라 누군지 모를 당신들, 나와 별로 다르지 않을 당신들, 차곡차곡 접어놓은 글자들을 풀어 헤칠 당신들에게 보내는 편지의 봉투를 만드는 것이어서, 더 정다웠으면 좋겠고 더 반가웠으면 좋겠다는 꿈을 꾼다. 상업적인 고려를 하지 않을 수 없으므로 적당한 타협점이 생기지만 누군가에게 편지를 보내는 듯한 심정은 그대로 남아 있다. 봉투를 열어서 꺼낸 편지지에 빼곡하게 적힌 사연들처럼 내 소설들도 그렇게 궁금한 이야기였으면 좋겠다.

페퍼톤스가 내게 보내준 편지에서 〈검은 우주〉를 꺼내 듣고 있다. 음반 재킷과 무척 잘 어울리는 음악이다. 전에 들었던 페퍼톤스의 음악 같아서 정답고, 내가 알던 페퍼톤스와 전혀 다른 우주 같기도 해서 반갑다.

그물에 걸린 큼지막한 고기들

몇 해 전까지만 해도 '올해의 음반 베스트 100'이나 '올해의 영화 베스트 10' 같은 목록을, 아카데미 시상식이나 그래미 어워드 등을 빠뜨리지 않고 챙겨 보았다. 혹시 내가 모르고 지나쳐버린 음반이나 영화가 있으면 어쩌나, 엄청난 걸작을 모르고 지나쳤으면 어떡하나 걱정하곤 했다. 걱정도 참 팔자로 많을 때였다. 얼마 전부터는 '걸작 따위 지나갈 테면 지나가버려'라는 심정으로 하루하루를 보내고 있으므로, 수많은 명작들이 나 모르게 세월의 뒤편으로 사라져버렸다. 모두들, 굿바이! 동시대 작품들을 부지런히 챙겨 읽고, 보고, 듣는 건 참 재미난 일이지만 한계가 있을 수밖에 없다. 다 건져낼 수는 없다. 그랬다간 허리 부러진다. 그물코를 널찍하게 만든 다음 큼지막한 것들만 챙겨야지, 그물코를 너무 촘촘하게 만들어두면 걸리는 고기들이 너무 많아서 그물이 찢어질 수도 있다.

음반이나 책이나 미술 작품을 만나는 데도 운명 같은 게 작용하는 것 같다. 예전 같으면 거들떠보지도 않았을 책이 어느 날 뒤통수를 후려치거나, 평소 같았으면 '이 무슨 3류 쓰레기 같은 곡이냐' 싶은 노래가 가슴을 후벼 파는 경우가 많다. 자신만의 걸작은 객관적이지 않고, 다분히 주관적이다. 아무리 세기의 걸작이라도 내 마음이 황폐해 있으면 안으로 들이질 못한다.(마음이 황폐했을 때 더 잘 들어오는 작품도 있고.) 받아들이는 쪽의 준비가 필요한 법이다. 내가 열일곱 살 때『카라마조프 가의 형제들』을 다 읽었다면 그 책을 완전히 이해할 수 있었을까.(물론 지금도 다 이해하는 건 아니지만.) 스물여덟 살의 한가한 백수 시절에 그 책을 만났기 때문에 내 인생의 걸작이 될 수 있었다.

2012년에는 음악 칼럼을 쓴 덕분에 최신 가요를 열심히 들었고, 그동안 하는 줄도 잘 몰랐던 '한국대중음악상' 시상식에도 관심이 갔다. 누가 상을 받는지 궁금했다. 어떤 뮤지션들이 상을 탔는지는 알아서들 찾아보시고, 나는 최우수 랩-힙합 음반을 수상한 '소리헤다'에 관심이 갔다. 처음 들어보는 이름이었다.

별을 헤는 마음으로 소리를 '헤는' 그의 음악들은, 와우, 성긴 그물코에 걸린 큼직한 물고기였다. 묵직한 비트와 물결치는 멜로디는 참여한 래퍼들의 착착 감기며 펄떡이는 목소리와 완벽하게 어울렸다. 음악을 듣다가 〈자리(Position)〉라는 곡이 귀에 꽂혔다. 피처링에 참여한 래퍼 'Jolly V'의 계란 판처럼 올록볼록하고 부드럽고 어질어질한 목소리에(이따위 비유 죄송합니다) 매료당하고 말았다. 그러고 보니 이 목소리는 내가 예전에 좋아하던 '프리스타일'의 레이지Lazy와 비슷했다. 2000년 즈음 프리스타일의 첫 번째 앨범을 얼마나 열심히 들었는지 모른다. 오랜만에 프리스타일의 음반을 꺼내 들었다. 이제는 조금 촌스럽게 느껴지나 싶긴 해도 여전히 좋다.

이런 게 그물을 던지는 맛이지. 프리스타일과 소리헤다의 음악을 들으면서, 그물에 걸린 큼지막한 물고기들을 하나씩 꺼내보면서 시간 가는 줄 모른다.

카페에서 서플 글쓰기

작업 공간을 취재하고 싶다는 전화를 가끔 받는다. 책꽂이는 얼마나 큰지, 책은 어떻게 정리해놓고 책상 위에는 어떤 물건들을 올려놓는지, 창밖으로는 뭐가 보이는지, 이런 풍경들이 궁금한 모양이다. 많은 사람들이 '소설가의 공간'에 대한 환상이 조금씩 있는 것 같다. 거대한 책꽂이에는 수많은 책들이 작가별, 시대별로 가지런히 정리돼 있고, 널찍한 책상에는 원고지와 만년필과 재떨이가 놓여 있고, 책상 옆에는 파지들이 수북하게 쌓여 있는 그런 책상을 상상하는 사람들이 많다. 물론 그런 소설가도 있다. 여전히 전통적인 방식으로 소설을 쓰는 사람도 있고, 완전히 다른 방식으로 소설을 쓰는 사람도 있다. 저마다 다른 글을 쓰는 만큼 글을 쓰는 방식도 모두 다르다. 조용한 방에서만 글을 쓸 수 있다는 작가도 있고, 벽을 바라보면 절대 글을 쓸 수 없어서 책상을 방 한가운데로 꺼내야만 하는 작가도 있고, 창밖으로 나무가 보여야만 마음이 안정된다는 작가도 있다. 모두 달라 보이지만 공통점이 하나 있다. 자신만의 공간이 필요하다는 점이다. 소설은 타인의 삶을 들여다보면서 거기 비치는 자신의 내면까지 훔쳐봐야 하는 작업이기 때문에 최소한의 내밀한 공간이 필요하고, 그 공간은 어느 누구에게도 간섭받지 않는 곳이어야 한다. 사람들이 소설가의 공간에 환상을 가지는 건 어찌 보면 (출근 같은 건 하지 않고) '자신만의 공간'에서 음악도 듣고 사색도 하며 글을 쓰고 돈도 벌 수 있다는 점 때문일 것이다. 사람들 사이에서 부대끼지 않고, 조용하게 일을 할 수 있는 곳. 글을 쓰지 않더라도 누구나 그런 공간을 꿈꾼다.

작업 공간에 대한 취재 요청을 받으면 세 종류의 핑계를 번갈아가며 댄다. (1) "작품 집필 중에는 작업실을 공개하지 않습니다."(웃기고 자빠지는 동시에, 폼 잡고 있네요! 작품 집필 중 아니잖아요!) (2) "아휴, 제가 청소를 안 해놓아서요. 책이 사방에 널브러져 있어요."(이건 절반쯤, 아니 3분의 2쯤 진실입니다.) (3) "작업실요? 제 작업실은 실내가 아니라 저 거리의 카페들입니다." 폼 잡는 것처럼 보이지만, 이건 진실이다. 요즘 대부분의 소설을 카페에서 쓰고 있다. 언제부터인가 조용한 작업실보다 시끄러운 카페에서 글이 더 잘 써진다. 음악과 이어폰이 없었다면 불가능했을 것이다.

우리 동네에 커피가 맛있는 카페는 많지만 음악에 신경 쓰는 카페는 별로 없다. 대부분 최신 가요를 틀어놓는다. 최신 가요를 무척 좋아하는 사장님의 취향이 반영된 것이라면 무척 신경을 쓰는 것이겠지만, 그런 것 같지는 않다. 트로트가 나왔다가 발라드가 나왔다가 최신 댄스가 나왔다가, 도무지 종잡을 수가 없다. 어떤 카페는 어찌나 힙합과 라운지 음악을 자주 트는지, 언제 한번 사장님과 마주 앉아서 음악 이야기를 해보고 싶을 정도다. "사장님, 어떤 취향인진 알겠는데요, 이렇게 반복적인 음악을 틀어놓으시면 제가 작업하기가 좀 힘들거든요." "아, 그렇다고 제가, 작업하시는 데 맞춰 음악을 트는 건 좀 그렇지 않겠습니까? 저도 장사를 해야죠." 하긴, 장사를 해야지.

어떤 카페에서 어떤 음악이 나오는지를 유심히 살피다 보니 나름의 노하우가 생기기도 했다. 오늘 어떤 작업을 할지에 따라서 카페를 선택할 수 있게 됐다. 가벼운 에세이를 쓰는 거라면 힙합과 라운지를 트는 곳도 괜찮다. 원고 교정을 볼 때는 클래식이 흘러나오는 카페가 좋다. 멍 때리며 서핑을 할 때는 최신 가요가 나오는 곳도 괜찮고. 책을 읽을 때는 가벼운 재즈가 흘러나오는 카페가 좋고, 낮잠을 자고 싶을 때는(손님, 여기서 이러시면 안 되는데……) 피아노 연주곡 같은 음악이 흘러나오는, 소파가 편안한 곳이 좋다. 사람들은 (내 생각보다는) 음악에 신경을 쓰지 않는 것 같다. 어떤 노래가 나오는지 별 관심이 없다. 그래, 나만 예민한 거다. 나 같은 손님들이 많지는 않겠지만 간단하게 배려할 수도 있다. 카페 문에다 카드 사용 여부나 와이파이 사용 가능 여부와 함께 가장 자주 트는 음악 리스트를 붙여두면 좋지 않을까. 지난달에 가장 자주 틀었던 음악 베스트 20을 적어두면, 들어가 보지 않고도 카페 분위기를 예상할 수 있다. 카페 소개 책자를 만들 때도 유용할 거다. 아예 음악 장르별 추천 카페 목록을 만들 수도 있겠다.

 카페 사장님들은 장사를 해야 하기 때문에, 그리고 세상일이 다 내 맘 같지 않기 때문에, 늘 아이팟과 이어폰을 가지고 다닌다. 아이팟과 이어폰이 있으면 음악 때문에 위험해진 상황을 일단 모면할 수 있다. 최신 가요를 틀어주신다면, 그보다 음량이 더 강력한 펑크록을 재생하면 된다. 주인공들이 헤어지는 슬픈 장면을 쓰고 있는데 신나는 팝이 흘러나온다면, 아이팟 속에 있는 세상에서 가장 슬픈 첼로 음악을 들으면 된다. 160기가 용량의 아이팟 클래식에는 현재 9400여 곡이 들어 있다. 9400이라는 숫자를 보니, 내 삶에 어떤 상황이 닥치든 어울리는 곡이 하나쯤 있을 것 같다.

카페에서 글을 쓸 때 가장 좋은 점은 창밖으로 스쳐 지나가는 사람들을 볼 수 있다는 것이다. 글이 잘 써지지 않을 때면 무심히 지나가는 사람들을 본다. 모두 다른 옷을 입고, 모두 다른 표정을 하고, 모두 다른 걸음걸이로 지나간다. 자세히 들여다보면 굉장한 시각적 자극이다. 거대한 이야기를 품은 한 사람 한 사람이 걸어가고 있다. 몇 주 전, 카페에서 장편소설의 마지막 부분을 쓰고 있었다. 셔플로 재생한 아이팟에서 악틱 몽키스Arctic Monkeys의 〈Cornerstone〉이 흘러나왔다. 금요일 저녁이었고, 밤새 신나게 놀 생각에 들떠 있는 아이들이 환하게 웃으면서 카페 앞을 지나갔다. 목소리가 들리지 않았지만 그들의 웃음소리가 들리는 것 같았다. 가장 좋은 옷을 꺼내 입고, 예쁘게 화장하고, 좋아하는 신발을 신고 나온 게 분명했다. 아름다움을 뽐내고 싶은 몸짓들이었다. 활기차게 웃는 그들 사이로 어깨를 축 늘어뜨리고 있는 사람들도 보였다. 고된 하루 일을 마치고 퇴근하는 듯했다. 이어폰에서 음악이 바뀌었다. 비치 보이스의 〈Pet Sounds〉

가 흘러나왔다. 눈으로 보이는 것과 귀로 들리는 게 아무런 상관이 없지만, 모든 장면이 뮤직비디오처럼 보였다. 소설의 마지막 부분을 쓰기 시작했다. 임의로 재생된 음악을 들으면서, 지나가는 사람들을 보면서, 내가 쓰려고 했던 게 명확해졌다. 바로 저런 풍경들을 쓰고 싶었다. 가장 기쁜 표정과 최고로 우울한 어깨 사이에 있는 이야기들, 마냥 웃거나 마냥 울 수 없는 이야기들, 뒤에서 누군가 어깨를 툭 건드리는 것 같은 이야기들. 돌아보면 아무것도 없는 이야기들. 누군가 내 어깨를 건드린 것 같은 미세한 감정만 남아 있는 이야기들.

글쓰기에 탄력이 붙었을 때 듣는 앨범이 몇 장 있다. 모든 신경을 글쓰기에 집중할 수 있게 하는 음악이다. 글렌 굴드의 앨범 몇 장과 블라디미르 호로비츠의 몇몇 앨범, 그랜트 그린의 《Green Street》, 케니 버렐의 앨범, 엔리코 카루소의 앨범, 본 아이버가 그런 음악들이다. 카페의 스피커에서 어떤 음악이 흘러나오든 그 노래들만 들려오면 비밀의 문이 열린다. 카페의 벽이 허물어지고, 벽 너머에 있던 풍경들이 가까이 다가서고, 모든 테이블이 사라지면서 세상에 음악과 나와 노트북의 글자들만 남는다. 글자들이 음악과 만나 서로 얽힌다. 글자와 음악이 만나 길가는 사람들을 붙들고 춤을 춘다. 참으로 기묘한 경험이다. 이래서 내가 카페를 떠나지 못한다.

지금도 카페에서 셔플로 음악을 들으며 글을 쓰고 있는데 오랜만에 듣는 노래가 흘러나오고 있다. 신데렐라의 〈Coming Home〉. 아, 이쯤에서 글을 끝내고 집으로 돌아가라는 아이팟님의 계시인가? 이어서 흘러나오는 노래는 쿼터플래시의 〈Harden My Heart〉. 이 노래도 참 오랜만에 듣는다. 그러고 보니 이것도 계시인가? 자, 이제 대충 글을 끝내고 카페를 떠나려는 '마음을 굳혀' 봐야지. 언젠가 아이팟을 셔플로 놓아두고 거기에 맞게 글을 써보면 재미있겠다는 생각을 했는데 드디어 그걸 해보게 됐다. 이런 식으로 계속 음악을 틀어놓고, 타로 카드처럼 셔플점을 보는 것도 재미있겠다. 다음 노래가 나올 때까지 기다려보자. 글의 흐름을 아이팟에게 맡기는, 우연에 자신의 예술을 떠넘기는 이런 무책임한 필자 같으니……. 다음 노래는 뭘까. 궁금하다. 아, 손성제의 〈멀어져 간다〉. 그만 쓰라는 얘기네. 역시.

무자비한 시간을
견디는 법

얼마 전 몇몇 사람들과 술을 마시다가, 태어나서 처음 본 콘서트가 화제에 올랐다. 그 자리에는 1970년생부터 1981년생까지의 남녀가 모여 있었는데, 처음으로 본 콘서트가 어떤 것인지로 세대와 지역을 짐작할 수 있었다. 1970년생인 친구가 처음 본 공연은 들국화였다. 한 살 차이가 나는 후배는 장필순이었고, 더 어린 남자 후배 한 명은 '이치현과 벗님들'이었고(겉늙은 거야!), 가장 나이 어린 여자 후배는 김건모였고, 나보다 두 살 어리고—어리다고 해도 어느덧 마흔!— 서울 근교에 살던 여자 후배가 처음으로 본 콘서트도 김건모였다.

내가 맨 처음 본 게 어떤 공연이었더라 잠깐 생각하다가 "아마

롤러코스터였을걸"이라고 하자, 1970년생이자 나와 같은 지역에서 태어나 현재는 작가로 활동 중인 친구가 곧바로 수정해주었다. "너 들국화잖아." "그걸 네가 어떻게 알아?" "같이 보러 갔잖아." 아, 그랬나? 그랬구나. 생각해보니 그랬던 것 같다.(기억력 형편없는 사람이 기억력 좋은 친구와 함께 있다 보면 이런 수모를 자주 당하게 된다.) 공연장은 대구의 실내 강당 같은 곳이었던 것 같고, 주옥같은 들국화의 히트곡과 함께 '홀리스'와 '스틱스'의 노래를 들었던 것 같고, 전인권의 목소리가 참으로 찌릿찌릿했던 것 같다. 정확한 기억은 아니다. 친구는 어찌나 기억력이 좋은지 "그때 앙코르곡으로 〈제발〉을 불렀어. '제발 그만해줘 / 나는 너의 인형은 아니잖니' 가사가 앙코르곡으로 딱이잖아." 들국화는 그때 이미 브로콜리 너마저의 〈앵콜요청금지〉를 노래로 실천하고 계시었구나.

지방에 살면서 뮤지션들의 공연을 보는 건 쉬운 일이 아니었다. 지금도 마찬가지겠지만 어지간한 거물급 뮤지션이 아니면 지방 순회공연에 나서기가 힘들고, 지방으로 온다고 해도 큰 도시 위주니 지방의 작은 소도시에 사는 사람들이 공연을 본다는 건 문화적인 충격일 수밖에 없었다. 서울에 와서 가장 놀랐던 것 중 하나는 매주 수많은 장소에서 수많은 공연이 펼쳐지고 있다는 거였다. 홍대 거리에 붙은 포스터를 보면서 저렇게 많은 공연을 누가 다 보러 가나 싶었는데, 막상 공연장에 가보면 늘 사람들이 많았다. 이 사람들은 다들 어떤 이유로 이 공연을 선택하게 된 것일까. 그게 늘 궁금했다.

'붕가붕가레코드'의 곰사장은 한 강연에서 음악의 세계로 뛰어들게 된 계기가 고향 제주도에서 본 공연 때문이라고 했다. 제주도까지 찾아온 노브레인과 크라잉넛의 공연을 본 중학생은 꿈을 키워 음반 제작자가 되었고 '장기하와 얼굴들'을 비롯한 수많은 뮤지션들의 앨범을 세상에 내놓을 수 있었다. 책 한 권이 어떤 사람을 작가로 만들고 영화 한 편이 어떤 사람을 감독이나 배우로 만들듯, 한 시간 남짓의 공연이 수많은 사람을 뮤지션으로 만들었을 것이다. 우리 세대가 들국화 공연을 보면서 꿈을 키웠듯 다음 세대는 노브레인, 크라잉넛을 보며 꿈을 키웠고, 또 다음 세대는 새로운 뮤지션들의 공연을 보면서 새로운 꿈을 꾸게 될 것이다.

고등학교 때 본 들국화 공연은 요즘과는 사뭇 분위기가 달랐다. 장소 때문이기도 했겠지만—서울에서 열린 들국화 공연은 분위기가 달랐을까— 모두들 좌석에 앉아서 사이좋게 박수를 치던 장면을 떠올리면 건실한 종교 집단의 부흥회라고 해도 믿을 정도였다. 그런 분위기로 들국화의 노래를 들었다는 게 믿기지 않는다. 전인권이 아무리 "행진"이라고 외쳐도 우리는 의자에다 엉덩이를 딱 붙인 채로 박수 치며 따라 부르기만 했던 것이다.

요즘 홍대 클럽의 록 공연장에 가면 그야말로 격세지감을 느끼게 된다. 일단 공연이 (어지간히 비트가 빠른 음악을 하는 그룹이라면) 대부분 스탠딩인 데다가 관객들의 반응도 격렬하다. 음악에 맞춰 정신줄을 놓고, 정신줄과 함께 관절의 줄도 놓으면서 미친 듯이 흔드는 걸 보면 보는 사람의 마음까지 짜릿할 정도다. 몸을 부딪쳐가며 아슬아슬하게 뛰어노는 '슬램'은 기본이고, 간단한 원을 만들고 그 안에서 뛰어노는 '서클 핏'으로 분위기를 끌어올린다. 내가 그 속에 들어갔다가는 10분 안에 뼈에 금가거나 코피 흘리면서 끌려나왔을 거다. 내일을 절대 맞이하지 않겠다는 듯 격렬하게 움직이는 데는 이유가 있다. 젊음이라는 조커를 들고 있으니까. 이대로 모든 걸 불살라버려도 다시 땔감을 모으고 불을 지필 수 있는 시간이라는 게 있으니까.

슬램을 하면서 공연장을 누비던 젊은이들 중 누군가는 뮤지션이 될지도 모른다. 누군가는 작가가 될지도 모르고, 또 누군가는 음반 제작자가 될지도 모른다. 누군가는 슬램을 하다 다쳐서 병원에 입원하는 바람에 상실감에 빠지고, 심심해서 잡은 책에 몰

두하여 공부에 전념하게 되고, 에잇 이렇게 된 거 공부나 열심히 해야지 생각하고는 계속 공부하다 덜컥 고시에 패스하는 바람에 판사가 될지도 모른다.(앗, 이것은 과대망상!) 한 30년쯤 지나서 우연히 그들이 다시 만났을 때 함께했던 공연을 추억하게 될지도 모른다. 자세히 기억 못하는 나 같은 사람도 있을 테고, 그때가 정말 좋았지 요즘 음악은 전부 이상해, 라며 세월을 한탄하는 사람도 있을 것이다. 아무래도 상관없다.

세월을 보내고 나이를 먹으며 우리가 쌓아가는 것은 돈이나 명예가 아니라 '사소하지만 결정적인' 몇 시간의 기억이다. 밤을 꼴딱 새우며 책을 읽었던 시간들, 처음으로 가본 콘서트장에서 10분처럼 지나가버린 두 시간, 혼자 산책하던 새벽의 한 시간. 그 시간들, 그리고 책 속, 공연장, 산책길처럼 현실에 있지만 현실에서 살짝 어긋나 있는 공간에서 우리는 더 많이 배우고 더 많이 생각하게 된다.

시간을 견뎌내는 방식에는 여러 가지가 있다. 우리는 사진을 찍으며 시간을 견딘다. 시간의 속도를 더디게 만들기 위해 필름 속에다, 컴퓨터 속에다 풍경을 담는다. 우리는 소설을 쓰고 읽으며 시간을 견딘다. 소설 속에 거대한 시간을 담아 시간의 처음과 끝을 파악하려 애쓰고, 시간을 되돌리고 빨리 흐르게도 하며 시간의 민낯을 보려 애쓴다. 우리는 영화를 보며 시간을 견딘다. 천천히 흐르는 시간의 모습과 순식간에 지나가는 시간의 속도를 화면 속에서 보며 우리의 시간을 잊는다. 그렇게 견딘다. 우리는 음악을 들으며 시간을 견딘다. 아니, 이 말은 조금 수정해야 할 것 같다. 우리는 음악을 들으며 시간을 뛰어넘는 방법을 배운다. 시간을 가뿐히 뛰어넘어 다른 시간과 공간에 가닿는 방법을 배운다. 그렇게 시간을 견딘다. 음악이야말로 가장 짜릿한 마법이다.

 우리 옆에는 우리와 함께 무자비한 시간을 견뎌낸, 그래서 함께 살아남은 동지들이 있다. 책과 디브이디와 시디와 그림들의 형상을 한, 무생물처럼 보이지만 실은 함께 살아 숨 쉬고 있는 친구들이다. 그 친구들과 함께할 때 우리는 좀 더 풍성한 사람이 될 수 있다.

나의 음악들,
나의 노래들,

모든 게 노래다.

가을과 겨울에 어울릴 만한 노래

오래전 「가을에 어울릴 만한 노래」라는 글을 쓴 적이 있다. 10년 전에 쓴 글이라 조금 딱딱하고 촌스럽지만(고치지 않았다), 음악에 대한 열의는 고스란히 느껴진다. 10년 전의 추천을 다시 추천한다. 오랜만에 몇 곡 들어봤더니, 전부 참 좋았다. 지금 생각해보니 「가을과 겨울에 어울릴 만한 노래」라는 제목이 더 어울릴 것 같다. 가을과 겨울은 음악 듣기 참 좋은 계절이다.

《버스, 정류장 OST》(2002) • 루시드 폴

가을이라고 해서 〈Autumn Leaves〉나 〈When October Goes〉 같은 곡을 추천한다는 건 아무래도 좀 꺼림칙하다. 제목에 가을을 품은 노래들은 대부분 쓸쓸함을 (지나치게) 강조한다. 한마디로 청승맞다. 그래서 아예 그룹 이름에 가을이 들어가는 그룹을 골라봤다. 농담이다. 하지만 루시드 폴은 정말 이름값을 하는 아티스트다. 내성적이고 침울한 그의 목소리는 정말 가을을 닮았다. 가을을 기다리는 목소리다. 루시드 폴은 밴드 '미선이'의 리더 조윤석의 솔로 프로젝트인데, 영화 〈버스, 정류장〉의 사운드트랙을 맡은 루시드 폴은 패스추리 빵과 같은 사랑의 미묘한 겹을 제대로 표현하고 있다. 그의 목소리는 남성의 목소리도 아닌, 여성의 목소리도 아닌, 풍경에 가깝다. 그리고 그 풍경의 계절은 당연히 가을이다.

이 노래가 좋다면,

《Magnolia OST》(1999) • Aimee Mann

《Blue》(1971) • Joni Mitchell

조니 미첼이라는 아티스트를 두고 흔히 이런 말을 한다. '인생의 깊이를 모르고는 이해할 수 없는 목소리'라고. 약간 수정한다면 그녀의 목소리는 가을의 깊이를 모르고는 이해할 수 없는 목소리다. 기타 한 대만을 대동한 채 "나는 외로운 길 위를 끊임없이 헤매고 다니네"(《All I Want》)라고 읊조리는 그녀의 목소리는 가을의 심장부를 막 빠져나온 듯하다. 포크에서 재즈로, 다시 팝으로 수없이 자신의 음악 항로를 수정했지만 그녀의 목소리에는 언제나 약간의 우울이 묻어 있었다. 하지만 그 우울이 사람들을 지치게 만들 정도는 아니었다. 우울도 이 정도로 고품격일 수 있다면 한 번쯤 빠져봐도 손해볼 일은 없을 것 같다.

이 노래가 좋다면,
《Between the Lines》(1975) • Janis Ian

《Princesses Nubiennes》(1998) • Les Nubians

가을이 그 잔인하고 비정한 발톱을 드러내기 전까지는 마음껏 즐겨두는 것도 괜찮을 것 같다. 가을은 아름다운 계절이기도 하니까. 여기 샹송처럼 우아하고 아름다운 가을 음악이 있다. 프랑스인 아버지와 카메룬 태생의 어머니 사이에서 태어난 자매 헬렌과 셀리아로 이뤄진 레 누비앙의 음악은 한마디로 우아하다. 프랑스어로 노래를 부르기 때문만은 아닌 것 같다. 샤데이와 애비 링컨과 푸지스를 한데 뒤섞은 듯한 그들의 음악에는 (피는 못 속이는 것인지) 프렌치 팝의 감성과 아프리칸 특유의 리듬 감각이 사이좋게 공생한다. 샤데이의 〈The Sweetest Taboo〉를 멋지게 각색한 〈Tabou〉는 이 가을 최고의 추천 트랙이다. 한번 상상해보시라. 샤데이가 힙합 리듬에 맞춰 프랑스어로 〈The Sweetest Taboo〉를 부르며 랩도 한다. 그게 레 누비앙이다. 아니다. 사실은 그 이상이다.

이 노래가 좋다면,
《The Best of Sade》(1994) • Sade

《Ten Summoner's Tales》(1993) • Sting

너무 뻔한 추천 같지만 스팅만큼 가을을 닮은 목소리가 또 있을까? 〈It's Probably Me〉와 〈Shape of My Heart〉가 가을 아닌 어떤 계절과 어울릴 수 있을까. 《Ten Summoner's Tales》는 다른 계절로 보내버릴 곡이 단 한 곡도 없는, 오로지 가을만을 위한 앨범이다. 고즈넉한 가을 한때 그의 목소리를 듣고 있노라면 '내 마음의 형상'을 응시하는 듯한 기분이 된다. 스팅은 그의 가사처럼 '명상을 하듯 음악을 하고 있는' 게 아닌가 싶기도 하다.

이 노래가 좋다면,

《Brothers in Arms》(1985) • Dire Straits

《As Falls Wichita, So Falls Wichita Falls》(1980) • Pat Metheny & Lyle Mays

가을이라는데 팻 메스니를 빼놓을 수 없다. 그의 앨범 대부분이 가을의 향취를 듬뿍 머금고 있지만 이 앨범만큼은 아니었다. 게다가 이 앨범에는 〈September Fifteenth(Dedicated to Bill Evans)〉라는 명곡이 들어 있다. 1980년 9월 15일 세상을 떠난 빌 에반스에게 바치는 이 곡은 라일 메이스와 팻 메스니의 고즈넉한 협연이 그야말로 압권이다. 가을 한 밤, 넓은 들판에 누워 별빛을 무심히 바라보는 듯한 피아노와 기타 소리는 빌 에반스의 온기(빌 에반스는 이 앨범이 녹음되던 시기에 죽었다)를 고스란히 전해준다. 타이틀곡인 〈As Falls Wichita, So Falls Wichita Falls〉의 아련함도 쉽게 떨쳐버릴 수가 없다. 이 앨범을 오직 두 사람의 힘으로 만들어냈다는 사실이 믿기지 않을 뿐이다.(나나 바스콘셀로스가 퍼커션과 스캣으로 참여하긴 했다.)

이 노래가 좋다면,
《Offramp》(1981) • Pat Metheny

《So Tough》(1993) · Saint Etienne

거리의 가로수들이 붉게 물들어 있고 지금 차를 몰고 어딘가로 향하고 있다면 BGM으로 세인트 에티엔이 딱이다. 게다가 우연찮게도 앨범의 다섯 번째 트랙 〈Avenue〉가 흘러나오고 있다면 그야말로 축복이다. 유로디스코 리듬과 1960년대 팝을 적당하게 뒤섞어놓은 그들의 음악에는 상쾌함과 우울이 평화롭게 공존하고 있다. 행복한 표정을 짓다가도 돌연 '나를 위한 무지개는 없어'라며 울상을 짓는 어린아이처럼 순진무구하기도 하다. 〈Mario's Cafe〉나 〈Conchita Martinez〉〈Join Our Club〉을 들으면 누구나 행복한 미소를 지을 수밖에 없을 것이다. 이 앨범과 환상의 복식조로 묶어도 손색이 없는 《Tiger Bay》 역시 행복한 가을을 위해 꼭 갖춰야 할 앨범이다.

이 노래가 좋다면,
《Tiger Bay》(1994) · Saint Etienne

《Staccato Green》(2002) · 스웨터

스웨덴에 가디건The Cardigans이 있다면 한국에는 스웨터Sweater가 있다. 참으로 따뜻한(!) 그룹들이다. 웃자고 하는 소리가 아니고 두 그룹은 비슷한 면이 많다. 두 그룹 모두 겨울에 어울리는 음악을 하긴 하지만 스웨터 쪽이 훨씬 멜랑콜리한 편이다. 델리스파이스에게서 받은 영향에다 플러스알파를 더한 절창 〈바람〉이나 그루브한 (그리고 자꾸만 김완선의 얼굴이 떠오르는) 〈분실을 위한 향연〉 등 많은 곡들에 스며든 우울은 (카디건스 못지않게) 굉장히 고급스럽다. 그룹 이름이 스웨터이긴 하지만 스웨터를 입기 바로 직전의 선선한 날씨와 더욱 어울리는 음악들이다. 오랜만에 만나는 대어급 수확.

이 노래가 좋다면,

《Life》(1995) · The Cardigans

《Spoonface》(2001) • Ben Christophers

발매사의 홍보 문구를 100퍼센트 인용하자면, 벤 크리스토퍼스는 "눈같이 하얀 테크노-포크"를 하는 아티스트다. '테크노-포크'라는 말에 부담이 가긴 하지만 맞는 말이기도 하다. 가을이라는 시기에 맞춰 이야기하자면 그는 'Electronic Autumn Music'을 하는 아티스트다. 너무 높은 하늘을 보면서 세계가 한 뼘쯤은 넓어졌다고 생각하고 있을 때, 그의 가느다란 목소리는 천상의 음악처럼 아름답다. 〈Hooded Kiss〉나 〈Songbirds Scrapes the Sky〉 같은 곡을 들으면서 하늘을 보면 새 한 마리가 천천히 아래로 떨어지고 있는 것 같은 착각이 들기도 한다. "나는 강의 파도 / 나는 한낮의 달 / 나는 네 목소리의 공허 / 네가 찾지 못하는 슬픔"이라고 노래할 때는 가슴 한켠이 살짝 찢어지기도 한다. 제프 버클리와 라디오헤드의 가장 이상적인 조합이 아닐까 싶다.

이 노래가 좋다면,

《Grace》(1994) • Jeff Buckley

《Amplified Heart》(1994) • Everything but the Girl

가을 하면 생각나는 풍경이 하나 있다. 주변에는 누렇게 익은 벼가 펼쳐져 있고 길게 뻗은 철길을 연인이 아무 얘기 없이 나란히 걷는다. 사랑하는 사이긴 하지만 지금은 함께 각자의 시간을 즐기는 중인 그런 풍경. 그리고 그런 풍경을 떠올릴 때마다 에브리씽 벗 더 걸의 〈We Walk the Same Line〉이 자동 연상된다. 모든 것과 너무 멀리 떨어져버린 것이 아닌가 느껴질 때 어차피 우리는 '같은 길을 걷고 있다'는 생각은 꽤 큰 위로가 된다. 그리고 트레이시 손의 무미건조한 목소리는 더 큰 위로가 된다. 흥겹고 유쾌하지만 그게 꼭 웃음으로 마무리되지는 않는, 그리고 아련한 슬픔이 느껴지지만 울 것 같지는 않은 그런 기분이다. 마음이 건조해진다는 얘기는 아니고, 뭐랄까, 햇볕에 말린 마음같이 된다는 거다. 마음이 뽀송뽀송해진다.

이 노래가 좋다면,

《The Hush》(1999) • Texas

《Rufus Wainwright》(1998) • Rufus Wainwright

루퍼스 웨인라이트는 우아하다. 목소리도, 노래하는 방식도, 만들어내는 음악도, 모두 우아하다. 앨범의 첫 곡 〈Foolish Love〉를 시작하는 방식도 우아하고 〈In My Arms〉에서 가끔 긁어내리는 기타의 소리마저 지독하게 우아하다. 그는 무대에 서서 관객을 내려다보는 오페라 가수처럼 우아하고, 목소리의 40퍼센트 정도를 차지하고 있는 비음마저도 실크 슈트를 코에 둘렀나 싶을 정도로 우아하다. 직접 보지는 못했지만 노래하는 모습 역시 굉장히 우아할 것 같다. 전혀 움직이지 않을 것 같다. 그의 노래를 듣고 있으면 그렇게 시간이 정지되고 만다. 노래를 부른다기보다 흥얼거린다는 표현이 더 어울리는 마지막 곡 〈Imaginary Love〉가 끝나고 나면 마치 한 편의 연극을 보고 난 듯하다. 갑자기 창밖의 자동차 소리가 들려와서 깜짝 놀라고 만다.

이 노래가 좋다면,
《Duncan Sheik》(1996) • Duncan Sheik

《The Trinity Session》(1988) • Cowboy Junkies

내가 아는 한 카우보이 정키스만큼 게으른 음악을 하는 사람이 없다. 보컬인 마고 티민스의 음색은 너무나 게으르게 들려서 노래를 부를 의지마저도 없어 보인다. 〈내츄럴 본 킬러〉 사운드트랙에서 (벨벳 언더그라운드의) 〈Sweet Jane〉의 느림보 커버로 국내 신고식을 했던 이들의 진면목은 《The Trinity Session》 앨범에서 확인할 수 있다. 엘비스 프레슬리의 느끼한 하와이안 스타일을 (역시) 굼벵이 스타일로 뒤바꿔놓은 〈Blue Moon Revisited(Song for Elvis)〉나 제목에서부터 가을 냄새가 물씬 풍기는 〈I'm So Lonesome I Could Cry〉(행크 윌리엄스의 곡이다) 같은 노래는 얼마나 느리고 게으르게 노래를 부를 수 있는지 보여준다. 카우보이 정키스는 가끔씩 느린 게 얼마나 많은 풍경을 볼 수 있게 하는지, 그걸 알려준다.

이 노래가 좋다면,
《Ask Me Tomorrow》(1996) • Mojave 3

《Reachin'(A New Refutation of Time and Space)》(1993) • Digable Planets

가을이라는 계절을 표현할 때 샘플링을 사용해도 된다면 바로 이 그룹의 곡을 쓰고 싶다. 버터플라이, 레이디버그, 두들버그(곤충 삼총사 같다고나 할까), 이렇게 세 사람으로 이뤄진 디거블 플래니츠는 아트 블래키나 소니 롤린스의 재즈 샘플을 가져와서는 전혀 새로운 곡으로 탈바꿈시킨다. 메가 히트곡 〈Rebirth of Slick(Cool like Dat)〉은 재즈와 랩이 얼마나 조화로울 수 있는지를 증명해준 곡이었다. 가을바람에 맞춰 몸을 흔들기에 가장 어울리는 템포, 래핑 사이로 터져 나오는 색소폰 샘플링, 거기다 레이디버그의 소울풀한 목소리까지 모든 게 쿨한 앨범이다. 재즈가 별로라고 생각하는 사람들이나 랩이 너무 지껄여대기만 한다고 생각하는 사람들이 모일 수 있는 공동 보호구역이 바로 디거블 플래니츠의 음악이다. 한 번 듣기 시작하면 잘 짜인 그들의 라임 그물망을 빠져나오기 힘들 것이다.

이 노래가 좋다면,
《Jazzmatazz, Volume 1》(1993) • Guru

《Imperial Bedroom》(1982) • Elvis Costello

엘비스 코스텔로는 어지간해선 3분 이상 넘어가는 곡을 만들지 않는 '초간결주의자'다. 이 앨범 《Imperial Bedroom》 역시 그의 '3분 지상주의'에 충실한 앨범이다. 록의 역사적 명반을 선정할 때마다 적어도 세 장 이상은 리스트에 올리는 엘비스 코스텔로지만, 이 앨범만은 대중적인 색채가 더 강하다. 앨범에는 무려 24곡을 수록했으며, 장르 역시 펑크, 블루스, 재즈, 클래식, 리듬 앤 블루스를 넘나든다. 살 떨리는 발라드 〈Almost Blue〉가 있는가 하면 아코디언으로 기묘한 리듬을 만들어낸 〈The Long Honeymoon〉도 있고 레게 리듬을 차용한 〈Night Time〉도 있다. 송라이팅이란 것이 무엇인지를 보여주는 앨범이라고 할 수도 있을 것이다. 1977년에 데뷔 앨범을 발표한 후 지금까지 활동하고 있지만 그의 목소리는 언제나 까끌까끌한 낙엽의 질감이다.

이 노래가 좋다면,
《My Aim is True》(1977) • Elvis Costello

《Songs in Red and Gray》(2001) • Suzanne Vega

〈Tom's Dinner〉나 〈Luka〉를 부르던 상냥한 소녀는 이제 없다. 그 소녀는 이제 삶을 아는 성숙한 여자가 됐다. 수잔 베가의 여섯 번째 앨범 《Songs in Red and Gray》는 여러모로 의미가 남다른 앨범이다. 다섯 번째 앨범과 여섯 번째 앨범 사이에 그녀는 이혼녀가 됐고, 음악적으로 사회적으로 혼자가 됐다. 꼭 개인사와 음악을 연관 지을 필요는 없겠지만 〈Soap and Water〉나 〈Harbor Song〉의 쓸쓸한 감정이 그냥 하늘에서 뚝 떨어진 것은 아닐 것이다. "회색 꽃병 속에는 짙은 선홍색 장미가 들어 있다"라는 풍경 묘사는 그녀의 마음을 스케치한 것이기도 하다. 《Songs in Red and Gray》앨범은 한 인간이 뽑아낼 수 있는 감정의 '걸작'이다. 진심으로 그녀의 목소리에 귀를 기울인다면 이 도저한 경지에, 어쩔 수 없이 쓸쓸해지고 말 것이다.

이 노래가 좋다면,
《Can You Fly》(1992) • Freedy Johnston

《Eye in the Sky》(1982) • Alan Parsons Project

이 앨범을 고른 건 순전히 한 곡 때문이다. 〈Old and Wise〉. 이 노래만 듣고 있으면 가슴 한쪽이 아려오면서 세상을 다 산 것 같은 기분이 된다. 계절과 인간의 삶은 꽤 비슷하지 않은가? 파릇파릇한 봄을 지나서 지루한 듯 활기찬 여름이 지나면 가을이 온다. 가을쯤 되어야 1년을 이해하게 된다. 아, 이렇게 또 한 해가 가는구나, 이렇게 삶이 저무는구나. 그런 생각을 하면서 조금씩 현명하게 살아가는 법을 배우는 게 아닐까. 〈Eye in the Sky〉도 좋고 〈Gemini〉도 좋지만 〈Old and Wise〉만큼은 아니다. 플루트로 인트로가 시작되는 순간, 마음은 벌써 가을이 된다. 마음은 낙엽만큼 가벼워져 하늘로 올라가 눈동자가 된다. 그리고 세상을 굽어본다. 온 세상이 가을이다.

《If I were a Carpenter》(1994) • Various Artists

1970년대에 전성기를 누렸던 카펜터스의 앨범 중에는 당분이 아주 높은 달콤한 노래들이 많다. 가을에 듣기에 딱 좋다. 그런데 문제는 한 아티스트의 음악만 집중적으로 들을 때 쉽게 질릴 수 있다는 것이다. (이런 이유 때문에 발매한 건 아니겠지만) 카펜터스 트리뷰트 앨범이 그 대안이 될 수 있다. 이 앨범에서 가장 놀라운 트랙은 아무래도 (노이즈의 제왕) 소닉 유스의 〈Superstar〉일 것이다. 점잔 빼고 목소리 까는 더스턴 무어의 노래를 듣고 있노라면 참 유쾌해진다. 카펜터스를 완전 소화한 후 해석하고 있는 크래커스의 〈Rainy Days and Mondays〉, 한동안 화제가 됐던 소넨 나이프의 〈Top of the World〉 등은 원곡과 전혀 다른 묘미를 안겨준다. 워낙 노래들이 훌륭하기 때문이기도 하겠지만, 참여 아티스트들의 곡 해석 능력은 다른 트리뷰트 앨범에 비해 월등히 낫다. 가을과 카펜터스와 여러 아티스트를 동시에 체험할 수 있는 일석삼조 기능성 수작.

이 노래가 좋다면,

《Yesterday Once More》(1998) • The Carpenters

《Greatest Hits》(2000) • Rod McKuen

"그래, 난 혼자가 아니야. 외로움이 바로 나의 집이니까(Solitude is My Home)"라고 말할 수 있는 사람이 얼마나 될까. 로드 매퀸의 목소리는 그 야말로 고독을 즐기는 자의 음성이다. 낮게 스멀거리며 마음을 가로지르는 목소리는 구석구석의 상처를 보듬어준다. 〈I'll Catch the Sun〉이나 〈If You Go Away〉처럼 낙엽이 뚝뚝 떨어지는 풍경의 노래들도 스산하지 않고 어쩐지 따뜻하기만 하다. 상처를 치료하고, 다시 상처받는 고통의 수레바퀴가 삶이라고 해도 로드 매퀸 같은 목소리가 있다면 견딜 만하다는 생각이 든다. 파헬벨의 〈Canon〉을 새롭게 변주한 〈And to Each Season〉도 너무나 따뜻하다.

이 노래가 좋다면,

《After Midnight》(1990) • Rod McKuen

《Alice》(2002) • Tom Waits

가르르 가래가 끓어오르는 첼로 소리. 당대 최고의 발라드 가수를 꼽으라는 질문에 주저 없이 톰 웨이츠를 선택하는 편이다. 초저음 베이스에다 가래가 가르르 끓어오르는 그의 목소리는 이 세상 어떤 소리보다도 심란하지만 또 낭만적이기도 하다. 2002년 신작인 《Alice》의 특징은 첼로나 바이올린 등의 현악기가 전면으로 부각되면서 (그의 앨범치고는) 부담 없이 들을 수 있다는 점이다. 그의 모든 앨범에는 죽여주는 발라드가 한 곡씩 들어 있는데, 이번 앨범에서는 아마도 〈Flower's Grave〉가 아닐까 싶다.(가을이라는 계절이야말로 '꽃들의 무덤'이 아닌가.) 영원한 인생 동반자인 캐슬린 브레넌과의 파트너십도 여전하며, 녹슬지 않은 (아니, 녹슨 목소리로 몇 십 년을 녹슬지 않고 있는) 그의 진면목을 보여주는 앨범이다.

이 노래가 좋다면,

《Rain Dogs》(1985) • Tom Waits

《Fight for Your Mind》(1995) • Ben Harper

"나는 인간의 정신 중에 마지막 남은 진실한 목소리가 바로 음악이라고 생각합니다. 음악은 언어와 나이와 피부색을 모두 뛰어넘어서 모든 사람들의 마음속으로 갈 수 있습니다. 음악의 힘이란 정말 엄청난 것입니다." 티베탄 프리덤 콘서트에서 벤 하퍼가 한 말이다. 그의 음악이 정말 그렇다. 벤 하퍼는 사람들의 마음속으로 다가가기 위해 수시로 몸을 바꾸는 분신술의 대가다. 때로는 밥 딜런의 목소리로, 때로는 지미 헨드릭스의 기타 소리로, 때로는 밥 말리의 리듬으로 분신하여 사람들의 마음을 노크한다. 퍼커션 소리가 인상적인 〈Burn One Down〉이나 궁극적 쓸쓸함이라고밖에 표현할 도리가 없는 〈Another Lonely Day〉를 듣고 있으면 조금씩 마음의 문이 열림을 느낄 수 있다.

이 노래가 좋다면,

《The Will to Live》(1997) • Ben Harper

《Midnight Blue》(1963) • Kenny Burrell

음악은 빈 공간을 채움으로써 아름다워지는 것일까, 아니면 빈 공간을 만들면서 아름다워지는 것일까? 케니 버렐의 기타를 들을 때마다 그런 의문이 생긴다. 케니 버렐의 기타 소리는 현란하지도 않고 음색이 뛰어나지도 않지만 언제 들어도 아름답다. 하늘에 있는 별자리를 볼 때와 비슷하다. 분명 떨어져 있는 별들인데도 그게 하나로 연결돼 보일 때가 있다. 그 보이지 않는 선들 때문에 별자리가 만들어지고 까맣고 아름다운 밤하늘이 된다. 〈Midnight Blue〉〈Kenny's Sound〉 같은 흥겨운 곡에서도 그런 공간이 느껴지니 음악을 듣는 일이 참 여유롭다. 이 앨범에서 케니 버렐은 최고의 기타 소리를 들려주고 있으며 레이 바레토(콩가), 스탠리 튜런틴(테너 색소폰) 등 세션맨들도 묵묵히 허공에다 연주를 흘려보내고 있다.

이 노래가 좋다면,
《My Song》(1978) • Keith Jarrett

《Five Leaves Left》(1969) · Nick Drake

닉 드레이크의 명징한 기타 소리를 들을 때마다 아직도 그가 살아 있는 것이 아닌가 하는 착각이 든다. 이상한 일은 1969년에 발표한 데뷔 앨범 《Five Leaves Left》에 죽음의 그림자가 가장 짙게 드리워져 있다는 점이다. 다섯 장의 나뭇잎을 들먹거리는 것이나 "하루가 끝났다. 삶이란 건 금으로 만든 게 아니다"라고 중얼거리는 모습이 영 심상치가 않았다. 두 번째 앨범 《Bryter Layter》의 애써 밝아져보려는 목소리를 듣고 있노라면 눈물이 날 지경이다. 결국 탁자 위에 '항우울제'와 『시지프 신화』를 남겨둔 채 스물여섯 살의 나이로 세상을 등진 그는 노래에다 자신의 삶을 100퍼센트 반영했다. 노래뿐 아니라 삶조차 가을과 너무나 어울리는, 그래서 인생이란 애당초 쓸쓸한 것이 아닌가 하는 착각이 드는 쓸쓸한 앨범이다.

이 노래가 좋다면,

《XO》(1998) · Elliott Smith

《69 Love Songs》(pt. 1, 2, 3 / 1999) • The Magnetic Fields

가을은 사랑의 계절이라고 (흔히들 말)한다. 그래서 세상에는 수많은 사랑 노래들이 (널리고 널려) 있다. 하지만 그 누구도 마그네틱 필즈처럼 집요하진 못했다. 마그네틱 필즈의 스테핀 메리트는 아예 작정하고 사랑 이야기로만 세 장의 앨범을 만들었다. 그렇게 만들어진 《69 Love songs》는 한 편의 거대한 서사시이자 〈대부〉 부럽지 않은 위대한 3부작이며 우아하고 세련된 사랑 모음집이다. 첼로 소리를 닮은 스테핀 메리트의 저음도 매력적이지만 온갖 장르를 가져다 '완벽한 팝송'을 만드는 그의 감각은 그저 놀라울 따름이다. 한 파트마다 23곡의 노래가 담겼고 모두 합해 69개의 사랑 노래가 담겼다. 세상에는 참 여러 종류의 사랑이 있다. 그리고 한 가지 주의해야 할 점은 세상엔 늘 아름다운 사랑만 있는 건 아니라는 점이다. 모두 알고 있었는지 모르겠지만.

이 노래가 좋다면,

《Memories of Love》(1997) • Future Bible Heroes

《Paris, Texas OST》(1989) • Ry Cooder

라이 쿠더의 〈파리 텍사스〉 사운드트랙은 도대체 어떤 계절의 음악일까 오랫동안 고심했다. 결국 얻어낸 답은 아무 계절이나 어울린다는 것이었다. 이글거리는 여름의 사막, 황량한 가을의 언덕, 텅 빈 겨울의 공터 모두 어울린다. 그의 슬라이드 기타 소리가 움직이는 대로 듣는 사람의 마음도 함께 움직이게 된다. 라이 쿠더의 기타는 길을 위한 음악이며 길을 떠나는 자를 위한 음악이다. 메인 테마도 훌륭하지만 가을에 더욱 잘 어울리는 곡은 〈Cancion Mixteca〉와 〈She's Leaving the Bank〉다. 러닝타임이 너무 짧은 것이 유일한 흠이랄 수 있겠다.

이 노래가 좋다면,
《The End of Violence OST》(1997) • Various Artists

《Blood》(1991) • This Mortal Coil

재킷의 저 음울한 표정이야말로 이 앨범을 가장 극단적으로 수식해주는 상징이다. 디스 모털 코일은 수많은 유명 아티스트의 곡을 가지고 와서 몽롱 버전으로 환골탈태시키는 일종의 마법사들이다. 물론 자신들의 곡도 있지만 커버곡들(팀 버클리에서 시드 배릿까지)이 훨씬 귀를 끈다. 정규 밴드라고는 할 수 없고 레코드 레이블 '4AD' 출신들이 모인 일종의 프로젝트 밴드인데, 킴 딜, 타냐 도넬리, 엘리자베스 플레이저 등 이쪽 바닥에서는 제법 알려진 뮤지션들이 모였다는 것만으로도 사람들의 믿음을 얻었던 그룹이다. 앨범 중 가장 돋보이는 커버곡은 호주 그룹 아파트먼트의 〈Mr. Somewhere〉와 크리스 벨의 명곡 〈You and Your Sister〉인데, 인위적으로 과장된 일렉트로닉 사운드는 너무나 선연하다. 그래서 오히려 낯설다. 뭐랄까, 스테인리스에 손을 베인 후 피가 뚝뚝 떨어지는 모습을 그저 멍하니 지켜보는 심정이라고 할까.

이 노래가 좋다면,
《Filigree & Shadow》(1986) • This Mortal Coil

《The Velvet Underground & Nico》(1967) • The Velvet Underground

자, 이제 가을도 막바지에 접어들었다면 가을의 하드코어를 슬슬 즐겨볼 차례다. 첫 번째 트랙 〈Sunday Morning〉부터 심상치가 않다. 일요일 아침의 풍경처럼 평화롭게 들릴 수도 있겠지만 귓가에 나지막하게 반복되는 실로폰 소리가 사람의 마음을 교란시킨다. 〈Femme Fatale〉에서 니코의 가늘게 떨리는 목소리 역시 마찬가지다. 이건 발라드를 가장한 마취제에 가깝다. 〈Heroin〉에 이르면 반복적인 마취 과정이 극에 달한다. 이걸 노래로 듣는 사람이라면 '완벽한 팝송'이 주는 축복을 만끽할 수 있겠지만, 만약 루 리드의 목소리가 주문처럼 들린다면 더할 나위 없이 고통스러울 수도 있을 것이다. 《The Velvet Underground & Nico》는 전체적인 음조音調에서 벗어나는 곡이 단 한 곡도 없는, 완벽하게 조율된 마취제다. 그리고 각성제다. 어떤 식으로 활용하든 그 효능만큼은 확실하다.

이 노래가 좋다면,
《Emperor Tomato Ketchup》(1996) • Stereolab

《Tindersticks II》(1995) • Tindersticks

세상에, 이렇게 심란한 목소리는 들어본 적이 없다. 보컬 스튜어트 스테이플스의 목소리는 마치 바닷속에서 들려오는 심해 상어의 텔레파시 같다. 목소리의 고도는 레너드 코언과 비슷할지 모르겠지만 그 심란함에 있어서는 코언을 가뿐히 넘어선다. 닉 케이브와 (조이 디비전의) 이언 커티스의 발성을 이어받긴 했지만 노래만은 정상적인 팝송에 가깝다. 이들의 심란함을 부추기는 데는 바이올린(혹은 첼로 등의 현악 편성)도 한몫 톡톡히 하고 있다. 〈Vertrauen III〉에서 들리는 톱 연주(《델리카트슨 사람들》의 톱 연주를 연상하면 될 듯)를 듣고 있으면 이들의 사운드가 도대체 어떻게 만들어지는 것인가를 대충 짐작할 수 있다. 〈No More Affairs〉나 〈She's Gone〉 같은 제목에서 알 수 있듯 사랑 이야기에서 대부분의 가사를 뽑아내지만, 아마도 정상적이고 평범한 사랑과는 약간 거리가 있을 것 같다.

이 노래가 좋다면,
《Can Our Love...》(2001) • Tindersticks

《Before... but Longer》(2000) • The Czars

(《My Funny Valentine》에서 제목을 따왔다는) 〈Val〉의 도입부 베이스 라인부터 예사롭지 않아서 잔뜩 긴장하고 있었더니 웬걸, 목소리는 완전 컨트리 싱어다. 그 목소리의 위치가 참 기묘한 것이, 낮지도 않고 높지도 않고 느끼하지도 않고 건조하지도 않다. 지나치게 일상적인 목소리다. 보컬 존 그랜트의 목소리는 너무 일상적이어서 오히려 비일상적으로 들린다. 그러니까 이건 완전히 틴더스틱스의 방식을 뒤집는 것이다. 목소리는 너무나 정감 있고 기름기를 쫙 뺐지만 음악과 생기는 약간의 부조화가 바로 심란함의 근원지다. 〈Leavin' on Your Mind〉는 완벽한 컨트리 송이지만 편안하지만은 않다. 감상적으로 들리다가 건조하게 바뀌고, 때론 그 반대가 되기도 한다. 참으로 알 수 없는 그룹의 알 수 없는 음악이다.

이 노래가 좋다면,
《The Ugly People Vs. the Beautiful People》(2001) • The Czars

《Dummy》(1994) • Portishead

포티셰드는 듣자마자 마음이 뒤숭숭해지는 그룹이다. 한번 들으면 절대 잊히지 않는 제프 배로의 송라이팅에다 영혼을 불어넣어 노래 부르는 베스 기번스의 목소리, 그리고 지글거리는 LP 스크래치까지 그 모든 것이 한 덩어리가 되어 마음을 뒤흔든다. 베스 기번스의 목소리는 노래를 한다기보다 탄식한다. "너는 나를 피해 달아날 곳이 없어 / 넌 내 거야 / 내 것이어야만 해"라고 노래하는 목소리에는 자포자기의 심정과 집착이 시소처럼 엇갈린다. 그러다 그녀는 〈Sour Times〉에서 이렇게 외친다. "아무도 나를 사랑하지 않아"라고. CF 배경음악으로도 등장하면서 이제는 많이 알려졌지만 그 선병질적인 아름다움은 아직도 제대로 전달되지 않는 것 같다. 포티셰드의 음악은 헤드폰으로 들어야 한다. 헤드폰으로 모든 외부 세계와 자신을 단절시키고 오직 베스 기번스 그녀의 목소리만을 느껴야 한다. 그렇게 들어야만 "삶이란 건 단내 빠진 시큼한 나날들의 연속일 뿐"이라는 그녀의 탄식이 제대로 전달될 것이다.

이 노래가 좋다면,

《PNYC》(live / 1998) • Portishead

《Third/Sister Lovers》(1978) • Big Star

절망의 하이라이트라고나 할까, 아니면 우울의 교본이라고 할까. 징글쟁글 기타로 만들었던 초기 두 장의 앨범 《#1 Record》와 《Radio City》의 해맑음을 생각해본다면 빅 스타의 세 번째 앨범 《Third/Sister Lovers》는 조울증 환자의 울증에 가깝다. 물론 (킨크스의 곡을 커버한) 〈Till the End of the Day〉처럼 생기발랄한 곡이 없진 않지만 전체적으로 우울의 기운이 확연하다. 심지어는 냇 킹 콜의 〈Nature Boy〉마저 우울한 소년으로 바꿔놓았다. 〈Big Black Car〉〈Holocaust〉〈Kangaroo〉로 이어지는 절망 3부작은 단연 독보적이다. 〈Blue Moon〉의 단아한 사운드는 마음을 달래주려고 일부러 넣어놓은 부록처럼 보일 정도다. 하지만 이들의 모든 노래는 치가 떨릴 정도로 아름답다. 그건 어쩌면 빅 스타라는 그룹이 저 아래 땅끝의 우울을 경험하고 온 후에 만들어낸 음악이기 때문인지도 모른다.

이 노래가 좋다면,
《The Kink Kronikles》(1972) • The Kinks

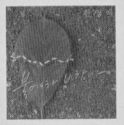

《불어오라 바람아》(2003) · 한영애

한영애의 네 번째 앨범 《불어오라 바람아》는 가을로 가득한 앨범이다. 노래를 부르는 방식 역시 가을을 많이 닮았다. 〈코뿔소〉나 〈루씰〉 등을 부를 때의 한영애와는 완전히 다른 모습이다. 단순해졌고 기교도 없어졌다. 단순한 목소리로 〈불어오라 바람아〉를 외칠 때는 코끝이 찌릿할 정도로 감동적이다.

"불어오라 바람아 / 상처뿐인 곳으로 / 찬란한 웃음 지으며 / 씻어내릴 자리로"(〈불어오라 바람아〉), "표정도 없이 비껴 섰던 투명한 고요 / 하얀 방 안 가득 스며 들어오네 / 여름을 지낸 맑은 햇빛 조용한 평화 / 열린 몸 안으로 스며 들어오네"(〈상사꽃〉), "이제는 모두 돌아가 제자리에 앉는다 / 모든 것 이해하며 감싸 안아주는 투명한 가을날 오후"(〈가을 시선〉).

봄꽃을 보며 음악을 들었고, 여름의 더위와 마주 앉아 음악을 들었고, 잠깐 있다 사라지는 가을의 하늘을 바라보며 음악을 들었고, 눈길에 미끄러지는 사람들을 바라보면서 음악을 들었다.

노래가 없었다면 계절은 훨씬 밋밋하고, 짜증나고, 흐리멍텅했을 것이다.

No Music, No Life. 음악이 없으면 인생도 없다는 말인데, 그 말을 다 믿지는 않는다. 그 말을 조금 바꾸고 싶다. On Music, On Life. 음악이 시작되면 인생이 조금 달라진다.